Les contes du Japon en français

フランス語で楽しむ
日本昔ばなし

西村亜子＝フランス語
坂田雪子＝日本語

IBC パブリッシング

装幀・イラスト = 浅井 麗子

協　　　力 = クリスチーヌ佐藤
　　　　　〈チーム白百合〉 大杉美由紀　小川実優　木原千惠　輿石せりか　昆ゆみ
　　　　　　　　　　　　 吉田怜美　石森絵里香　林亜幸子　米田祥子

コーディネート = 高野　優

ナレーター = Philippe LACUEILLE

はじめに

語学の達人に学ぶ

　「トロイの遺跡」を発見したことで有名なドイツの考古学者、ハインリッヒ・シュリーマンは語学の達人で、英語、フランス語、ポルトガル語、スウェーデン語、ギリシア語、ラテン語、ロシア語、トルコ語など、十数カ国語を話せたと言います。その方法は、それぞれの国の言葉に訳された『聖書』をテキストに用い、それを徹底的に音読して、丸暗記するというものでした。

　語学を身につけるという観点からすると、この方法は非常に合理的で、また有効なものだと思います。シュリーマンのような西洋の人にとって、『聖書』というのは幼い頃から慣れしたしんだもので、その内容は頭に入っています。したがって、各国語の基本的な文法さえ理解してしまえば、「原文に何が書いてあるか」は最初からわかっているので、理解しやすいのです。たとえ、語学的に難しい文章が出てきても、内容から類推して「ここはこういう意味になるはずだから、文法的にはこういうことか」と、語学的にもわかるようになるわけです。

「何が書いてあるか」わかっているものを読む

　本書は日本で暮らし、育った人なら誰でも知っている昔ばなし、「桃太郎」「鶴の恩返し」「かちかち山」「花咲かじいさん」「一寸法師」をフランス語でリライトしたものです。したがって、上のシュリーマンになぞらえて言えば、「原文に何が書いてあるか」よくわかった状態で、フランス語を読むことになります。この効果は計りしれません。ぼくは、翻訳家として、また翻訳教室の講師として、長年、翻訳に携わっていますが、その立場から見ても、この「あらかじめ内容がわかっているもの読む」学習法は優れていると思います。翻訳で大切なのは、ともかく原文を理解することですが、その時に翻訳者は原文の「語学的」な意味と「文脈的」な意味の両方を探っていかなければなりません。つまり、いつでもこの二つのレベルで意味を理解しなければ

ならない。そして、この二つのレベルで理解した時、「原文に何が書いてあるか」わかるのです。

　それがわかったところで、翻訳では「原文に書いてあること」を日本語で伝えるのですが、別に翻訳をしなくても、フランス語で書かれた文章を読もうと思ったら、「語学的」「文脈的」という二つのレベルで意味を探りながら、「原文に何が書いてあるか」理解していく必要があります。ところが、それがなかなか難しい。「語学的」につまづいたり、「文脈的」につまづいたりして、結局、「原文に何が書いてあるか」理解するところまで到達しないのです。

本書のメリット

　さて、ここであらためて言っておきますと、もともとフランス語の文章を読む目的は、「原文に何が書いてあるか」知るためです。けれども、そのためには「語学的」「文脈的」という二つのレベルで理解していかなければならないので、ハードルが高い。また、そこで、「語学力」を高めようと思っても、「文脈」がわからないと、「原文に何が書いてあるか」わからず、結局は「語学力」が身につかないことになります。ただ原書を読んでも、なかなか「語学力」がアップしない理由はそこにあります。

　ところが、本書の場合、「原文に何が書いてあるか」は、あらかじめわかっているのです。それは同時に、「文脈的」にもわかっているということです。「文脈」というのは、全体のなかでの意味、前後のつながりのことですから……。その意味からすると、「原文に何が書いてあるかわかる」というのは、「原文が文脈的にわかる」と言ってもいいでしょう。とすると、本書を読む皆さんは文脈を探りながら読む必要はないので、純粋に「語学的」な側面だけに集中できることになります。これはものすごく楽です。本書はもともとやさしいフランス語で書かれていますから、「語学的」なポイントを理解したあとは、まるで日本語を読むようにすらすらと読めることでしょう。内容がわかっているものを読むメリットはそこにあります。外国語を身につけようとするたびに『聖書』をテキストにしたシュリーマンには、そのことがよくわかっていたのです。だから、本書を手にとって、「これは内容的によく

知っていることだから、読んでもつまらない」と考えるのはまちがっています。逆に、よく知っている内容だから、「語学の勉強」に役立つのです。

　もうひとつ、シュリーマンの語学の学習法と比較して言うなら、シュリーマンはテキストを徹底的に音読して丸暗記しました。耳から入ったり、口に出したりすると、言葉は覚えやすく、そうやって覚えたものは、必要な時にすぐに出てくるからです。音読する内容がよく理解できているものであれば、なおさら覚えやすいでしょう。本書にはフランス人のネイティブであるラキュイユ・フィリップ氏が朗読したCDが入っていて、また西村亜子先生による「音読のつぼ」もあるので、シュリーマンの学習法を、シュリーマンよりも恵まれたかたちで実践できます。これも大きなメリットです。

　フランス語の文章は小学校から高校までをフランスでお暮しになった白百合女子大学の西村亜子先生に、「フランス語で日本昔ばなしを書くなら、これが自然だ」というものを書いていただきました。その時に、やはり白百合女子大学のクリスチーヌ佐藤先生にご協力いただいています。また、日本語訳のほうは翻訳家の坂田雪子氏にお願いしました。坂田氏には原文のフランス語を「語学的」「文脈的」に理解したうえで、「原文に書いてあること」を日本語として一番自然なかたちで伝えていただきました。したがって、「語学的」な訳ではありません。この翻訳の過程では、白百合女子大学の大学院生の皆さんによる「チーム白百合」のご協力を得ました。

　というわけで、本書の目的は「あらかじめ内容のよくわかっているものを読むことによって、語学力を高めていただく」ことです。でも、その一方で、たとえば「大きな桃がどんぶらこ、どんぶらこ」と流れてきた時の「どんぶらこ」はフランス語にするとどうなるのか、そういったことも楽しんでいただければよいと思います。

　本書が皆さんの学習に役立つことを願って。

フランス語翻訳家　高野 優

本書の使い方

音読によって、頭の中にフランス語回路をつくる！

　音読は、テキストを読むことで「目」を、声に出すことで「口」を、自分が音読した声を聞くことで「耳」を使っています。脳のメカニズムからも、より多くの感覚を使った方が、記憶力が良くなることがわかっています。

　音読は脳のウォーミングアップになり、学習能力が高まります。前頭前野を全体的に活性化させる音読には、抜群の脳ウォーミングアップ効果があり、脳の学習能力、記憶力を高めるという実証済みのデータがあります。

トレーニングメニュー基礎編　リスニング力強化

　以下の手順で、トレーニングを行ってください。音読によるフランス語回路の育成が、リスニング力の向上につながることが実感できるはずです。

CDを聴く

　本書に付属のCD-ROMには、それぞれの話を通しで収録したものと、1話の中で段落や会話の区切りといった、短いトラックごとに音声ファイルを分けたものがあります。まず、1話を通しで聴いて、どの程度理解できるかを確認してください。

日本語訳の音読

　日本語訳を、内容を理解しながら音読しましょう。

細かいトラックごとにフランス語の文の音読

　トラックごとに短く分けられた音声ファイルを使って、フランス語の文を目で追いながら、単語の発音を確認しましょう。次に、そのトラックのフランス語の文を音読します。このフランス語の文の音読を最低で3回は繰り返してください。

フランス語の文を音読する際に大切なことは、気持ちを込めて意味を感じながら声に出すことです。登場人物になりきって、魂を込めて音読すると、身体に染み込む度合いが高まります。

4 通しで聴く

　再度、1話を通しで聴いて、どの程度内容を理解できるようになったかを確かめてください。

5 トラックごとに聴き直す

　4で理解しづらかったトラックのファイルを再度聴き直し、さらに音読を繰り返してください。フランス語がはっきり、ゆっくりと聞こえてくるようになるはずです。

トレーニングメニュー応用編　読む、話す、書く力の強化

　基礎編の後に以下のトレーニングを加えることで、リーディング力・スピーキング力・ライティング力を高めることができます。

● フランス語の文の黙読でリーディング力アップ

　フランス語の文を声に出さずに、なるべく速く黙読します。
　目をフランス語の文の途中で止めたり、戻ったりせずに、左から右に流れるように動かしながら、フランス語の文の内容を理解していきます。

● シャドウイングでスピーキング力アップ

　シャドウイングとは、テキストを見ずに、聞こえてきたフランス語をわずかに遅れながら話していくトレーニングです。影のようについていくことから、シャドウイングと呼ばれています。英語の習得によく使われている方法です。

短く分けたトラック・ファイルを順番に流しながら、そのファイルごとにシャドウイングに挑戦してみましょう。意味を理解しながら、CDに遅れずに話すことが目標です。

● **フランス語文の速写でライティング力アップ**

　トラックごとに、テキストを見ながら音読し、次に、テキストを見ずにフランス語の文を声に出しながらノートに書きます。できれば筆記体を最初に身につけておくと素早く書けるようになります。

　「話すように書く」のがライティングの基本です。声に出すことで、身に付いたフランス語のリズムを助けとすることができ、さらに書くことによって、語彙・文法が定着してきます。特に会話を主体に勉強してきた方には物語（書き言葉）特有の時制である直説法単純過去形の役割がクリアになるでしょう。

　以上のようなトレーニングを繰り返せば、フランス語回路が育成され、フランス語力が高まっていきます。

音読のつぼ

　以下は各物語を音読をするとき、読み聞かせをするときに気をつけておきたい共通点です。これらのつぼを認識しながら、声に出すことであなたのフランス語はさらにネイティブスピーカーに近づきます。物語ごとの音読のつぼは各ページ下にあります。

つぼ その1

　不思議なことに、なぜか日本人は「英語＝外国語」⇒「英語が苦手＝外国語が苦手」という意識があります。英語が苦手だからフランス語なんて…という図式はありえません。まず、「大丈夫！できる!!」という意識を持ってください。それに実際、英語よりフランス語の方が、フランス語よりス

ペイン語の方が日本人には発音しやすいのです。

　ということで、すべてにおいて英語に引きずられないでください。当たり前のことなのですが、フランス語は綴り字が似ていても、発音は全く別の外国語なのです。それに文法や綴り字の法則が比較的新しい言語ですから（17世紀）、規則さえ覚えてしまえば初見のテキストも読めるのが魅力です。例外もありますが、数は多くありません。本書でも例外は各ページ下に記してありますので安心してください。

つぼ その2

　「思い切って、顔・体全体を使って発音すること」。フランス語の発音は英語より日本語に近いのですが、体全体の筋力を必要とします。本書の目的は物語を楽しみながら「聞き取れたフランス語の発音」を「発話するための筋力トレーニング」と思ってください。日本人が話す時にフランス人が聞き返すことがあるとしたら、それは発音が悪いのではなく、物理的に聞き取れないことが多いのです。ですから、皆さんはお腹の底から口の外へ顔の筋肉を使って押し出す感じを意識して滑舌よく発音してください。舌の位置（口のなかでそよぎません）や顔のどの筋肉を使っているかも意識してください。大きな声を出すより、通る声でクリアな発音を心がけましょう。さもないと、大きな声を出そうと、喉を傷めることにもなりかねません。

　ジェスチャーも感情表現に重要なポイントです。今回は昔ばなしですから、登場人物になりきって思いきり演じてみてください。

つぼ その3

　英語と違い、フランス語の綴り字と音の関係は法則で決まっています。むしろ日本人はフランス語のリズム・イントネーションが苦手なようです（こちらも一つの文の中で高低差が英語ほど激しくありません）。細かい発音が気になる方は『桃太郎』から、リズム・イントネーションが気になる方は『花咲か爺さん』や『一寸法師』から始めてみてください。

本書の使い方

🔴 つぼ その4

　日本人がなぜか「最大の難関」と思い込んでいるのがrの発音です。まずこの苦手を取り除いてから始めましょう。

[1] フランス語にはない、「は・ひ・ふ・へ・ほ」のかわり

- まず口を「ぱかっ」と大きく開け、舌の先は下の歯茎にしっかりとつけておいてください。
- その状態で「は・ひ・ふ・へ・ほ」と言ってみてください。喉の奥で摩擦音がしますね。これで十分です。イメージとしては、あつあつのじゃがいもをつまみ食い（失礼！）して、舌が動かせず、熱くて喉の奥からはふはふしてしまった感じです。また日本人がrが含まれる音をfやgと間違えるのも日本語ではそれが近い音に摩擦音や喉の奥の音に聞こえてしまうため、ということもヒントにしてください。

[2] 3種類の役割を覚えておく

　　　　gargariser（うがいする）という単語で覚えて練習しましょう

- 最初のrはその前の母音のaをのばして発音する感じです。gar-（がーr）
- 次のrは「r本来の音」というべきでしょうか。-ri-（「ひ」に近い摩擦音）
- 最後のrは直前のeを「え」と読ませる綴り字の法則によるものなので、r本来の音にはなりませんし延ばして発音したりもしません。

[3] 子音字と組み合わせたrは子音字を意識しましょう

　　　　réfrigérateur（冷蔵庫）trois（3）proie（獲物）で練習しましょう

- 口その他をrの前の子音字の発音の形にしてください。réfrigérateurならfの母音なし（「ふ」だと「う」の音が入っていますよね？）つまり、唇をわずかにあけた感じです。そのあとに-ri-と言って、摩擦音を出します。rの後の母音を強めに言うのがポイントです。難しかったら「母音」、「r＋母音」、「子音字＋（r＋母音）」という風に練習してみましょう。

つぼ その5

　最後にフランス人の友人に教わった発音上達の3つの黄金律をみなさまに……。

　　　　　1. Pratiquez !
　　　　　2. Pratiquez !!
　　　　　3. Pratiquez !!!

　練習、練習、また練習 ! だそうです。Bon courage !

本書の使い方

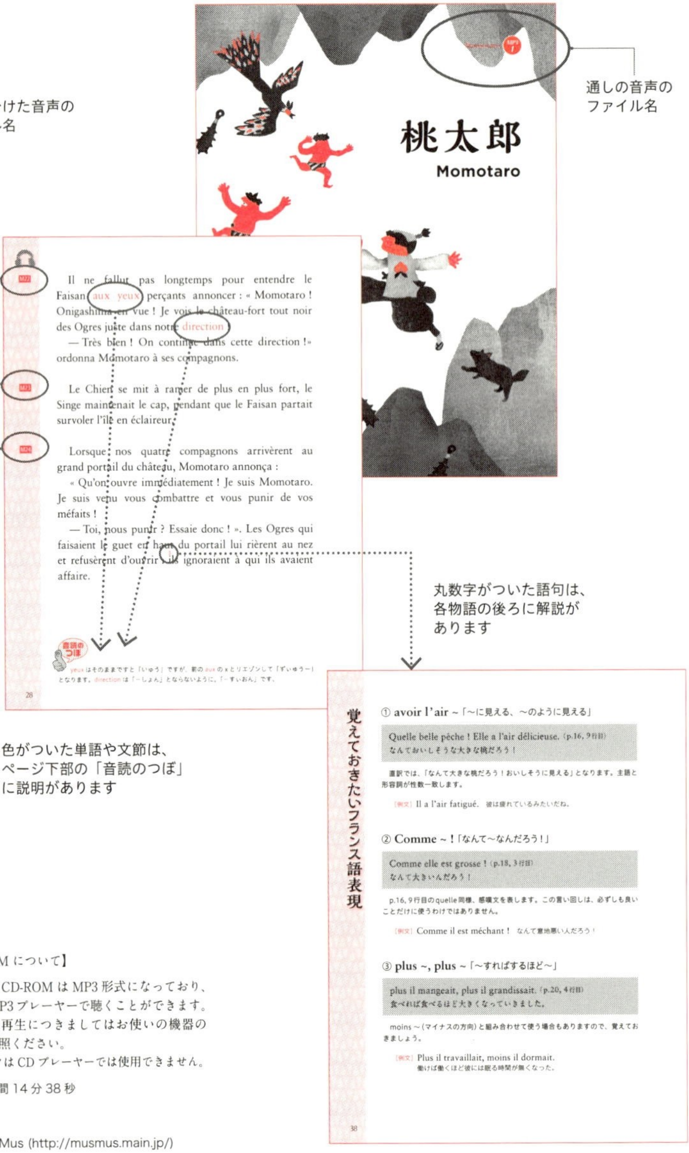

細かく分けた音声の
ファイル名

通しの音声の
ファイル名

丸数字がついた語句は、
各物語の後ろに解説が
あります

色がついた単語や文節は、
ページ下部の「音読のつぼ」
に説明があります

【付属 CD-ROM について】
本書に付属の CD-ROM は MP3 形式になっており、パソコンや MP3 プレーヤーで聴くことができます。音声の転送・再生につきましてはお使いの機器の説明書をご参照ください。
※このディスクは CD プレーヤーでは使用できません。
収録時間 1 時間 14 分 38 秒

[BGM]
音楽素材 MusMus (http://musmus.main.jp/)

12

目次

はじめに 3
本書の使い方 6

桃太郎 15
Momotaro
覚えておきたいフランス語表現　38

鶴の恩返し 41
La grue reconnaissante
覚えておきたいフランス語表現　58

かちかち山 61
Katchi Katchi Yama　*La Montagne Bric-Brac*
覚えておきたいフランス語表現　86

花咲かじいさん 89
Hanasaka Jiisan
覚えておきたいフランス語表現　106

一寸法師 109
Issun Boshi　*Le Petit Pouce*
覚えておきたいフランス語表現　130

ワードリスト 132

桃太郎
Momotaro

M01 Il était une fois un vieux bûcheron et sa femme qui vivaient dans un petit village au pied d'une montagne. Le vieil homme allait tous les jours ramasser du bois et la vieille femme allait faire la lessive à la rivière.

M02 Un jour, alors que la femme était à sa besogne habituelle, que vit-elle ?

Une grosse pêche toute fraîche qui flottait à gauche, à droite en descendant la rivière !

M03 « ①Quelle belle pêche ! Elle a l'air délicieuse. Allez, viens par ici, que je t'apporte à mon mari ! »

M04 Alors, la pêche s'arrêta juste devant la vieille femme qui était toute contente à l'idée de pouvoir la manger avec son mari. Elle la sortit de l'eau et l'apporta chez elle.

音読のつぼ

　　se/si/ci は「し」ではなく、「す」の音をベースにしていると考えてください。délicieuse 「でりすぃうぅーず」です。また ge/je/che の音に注意して読んでみましょう。fraîche / pêche/ gauche の -che は日本語の「しゅ」より口を丸め気味に読みます。この丸め気味の「しゅ」に濁点をつけた音が village / jour / manger の「ゔぃらーじゅ」、「じゅぅー」、「まんじゅえ」だと考えてください。

　　montagne / besogne の -gne は「ぐぬ」ではなく「にゅ」と読むので注意が必要です。

昔々、山のふもとの小さな村に、おじいさんとおばあさんがおりました。おじいさんは、毎日、山へ芝刈りに、おばあさんは川へ洗濯にいきました。

　ある日のこと、おばあさんがいつものように川へ洗濯にいくと、向こうから大きな桃が、どんぶらこ、どんぶらこと流れてくるではありませんか。

「なんて立派な桃なんじゃ！　それに、おいしそうだこと。ほれ、こっちにおいで。おじいさんに持って帰ってあげましょう」

　おばあさんがそう言うと、桃はちょうどおばあさんの前に来て止まりました。これで、おじいさんとおいしい桃が食べられる。おばあさんはうれしくなって、桃をかかえあげると、家に持ってかえりました。

桃太郎

À la tombée de la nuit, le vieil homme rentra bien fatigué avec son fagot sur le dos. Lorsque sa femme lui montra la pêche, il fit des yeux ronds et dit : « Comme elle est grosse ! Mangeons-la tout de suite, pendant qu'elle est encore fraîche ! »

Il la posa sur la table pour la couper. Mais juste avant qu'il ne commençât, la pêche se fendit en deux. Et ô surprise ! Ils virent un beau bébé qui se trouvait à l'intérieur de la pêche ! « Ouïn !!! », cria le bébé.

Ils furent tous les deux surpris mais ravis aussi. Ils avaient toujours souhaité avoir un enfant.

« Cet enfant est un don des dieux. Nous devons prendre bien soin de lui !
— Comment va-t-on l'appeler ?
— Puisqu'il est né d'une pêche, appelons-le Momotaro, Enfant de pêche ! »

u は口笛を吹くように唇を思いっきり突き出してください。

やがて日が暮れると、仕事を終えたおじいさんが、薪を背負ってもどってきました。おばあさんが桃を見せると、おじいさんは目を丸くして言いました。「なんと大きな桃じゃ。おいしいうちに、さあ食べよう」

　桃を割ろうと、おじいさんは桃を台の上に置きました。けれども、おじいさんが割るより先に、桃はひとりでにふたつに割れました。そしてなんと、中から、赤ん坊が出てきたではありませんか。「おぎゃあ！　おぎゃあ！」赤ん坊は元気な泣き声をあげています。

　おじいさんとおばあさんは、びっくりしましたが、たいそう喜んでもおりました。ずっと子どもがほしかったからです。

　「この子は神さまからの授かりものじゃ。しっかり世話してやらんとな」
　「名はどうしましょう？」
　「桃から生まれたんじゃ、桃太郎がいいじゃろう」

Le couple aimait tendrement Momotaro. Il l'éleva avec beaucoup d'affection et de soins.

Momotaro n'était pas un enfant comme les autres : plus il mangeait, plus il grandissait. Il grandit si vite qu'au bout de quelques temps, il devint un beau jeune homme doté d'une force prodigieuse. Il était le plus fort de tout le pays mais aussi le plus gentil.

Le seigneur qui régnait sur le pays avait entendu parler de Momotaro. Un jour, il l'appela à son château et lui demanda d'aller partir combattre les méchants Ogres qui pillaient le pays.

Le gentil et courageux Momotaro accepta de bon cœur, sans hésiter un instant.

---

en/an/in/on/un はそれぞれの母音の口の形をさせてから「ん」と口をつぐみ、息を鼻の方へ逃がすイメージです（あくまでもイメージです）。ただし in は「いん」ではなく「いー」の口の形で「あん」としてください。ただ -ent とある時、3人称複数形の時には鼻母音読みはしませんので注意してください。em/am/im/om/um はその次の文字が b/m/p の時に使われる鼻母音で発音は n の時と変わりません。

それから、おじいさんとおばあさんはたいそう桃太郎を可愛がり、大切に大切に育てていきました。

　桃太郎は、ほかの子とは様子が違っておりました。どんどん食べて、どんどん大きく育っていくのです。あっというまに育つので、まもなく、力持ちの立派な若者となりました。国いちばんの力持ち。それから、国いちばんの優しい若者でもありました。

　そんな桃太郎の評判を、国を治める殿様が聞きつけました。ある日、桃太郎は城に呼ばれました。「鬼を退治してくれぬか」と殿様から頼まれたのです。その頃、鬼は国中を荒しまわっておりました。

　「喜んでお引き受けいたします」桃太郎は勇気ある、優しい若者でしたから、少しもためらいませんでした。

Rentré à la maison, Momotaro salua ses parents et leur dit :

« Permettez-moi de partir quelque temps.

— Partir pour où, mon cher enfant ?

— À Onigashima, l'île des Ogres, pour combattre et punir les méchants Ogres et mettre fin à leur pillage ! »

Ses vieux parents étaient inquiets mais ils ne purent le faire revenir sur sa décision. Alors son père lui donna un grand sabre et une armure. Sa mère lui fit des Kibidangos, des gâteaux de millet, tellement bons qu'il suffit d'en manger un pour sentir sa force revenir.

Momotaro se vêtit de l'armure et prit son sabre. Il attacha à sa ceinture le balluchon de Kibidangos et prit congé de ses parents.

qui は一音で「き」と読みます。décision は「でぃすぃずぃおん」と「－じょん」と読まないように気をつけましょう。

家にもどると、桃太郎はおじいさんとおばあさんに頭を下げて、言いました。
「お父上、お母上、しばしのおいとま、お許しください」
「いったいどこへ行こうというのじゃ？」
「鬼が住むという《鬼が島》にござります。鬼めらが国を荒らして財宝を奪わぬよう、鬼をこらしめ、退治しにまいるのです」

　おじいさんとおばあさんは心配でしたが、桃太郎の決心を変えることはできません。そこで、おじいさんは桃太郎に剣とよろいをわたし、おばあさんはきびだんご（きびでつくったお菓子）をつくってあげました。きびだんごは、たいそうおいしくて、ひとつ口にするだけで、大きな力がわいてきます。

　桃太郎はよろいを身につけ、刀をさしました。それから、きびだんごの袋を腰から下げると、おじいさんとおばあさんに、いとまを告げました。

Sur le chemin d'Onigashima, Momotaro rencontra un chien.

« Ouah ! Ouah ! Où vas-tu donc, Momotaro?

— À Onigashima, pour combattre et punir les Ogres !

— Qu'as-tu dans ton balluchon ?

— Les meilleurs Kibidangos qui donnent une force magique !

— Donne-m'en un, et je serai ton allié.

— Tiens ! Mange ça et suis-moi ! »

Ils continuèrent leur chemin. Dans la forêt, ils rencontrèrent un singe.

« Ouh ouh ahah Chrr ! Où vas-tu donc, Momotaro ?

— À Onigashima, pour combattre et punir les Ogres !

— Qu'as-tu dans ton balluchon ?

— Les meilleurs Kibidangos qui donnent une force magique !

— Donne-m'en un, et je serai ton allié.

— Tiens ! Mange ça et suis-moi ! »

chien/Tiens も鼻母音です。「いやん」と読んでください。
suis-moi は être ではなく動詞 suivre（ついていく）の命令法です。

そうして、鬼が島へ向かっている途中、桃太郎は犬に会いました。

「ワン、ワン、桃太郎どの、どこへ行く？」

「鬼が島にまいって、鬼退治ぞ」

「お腰につけた袋は何じゃ？」

「日本一のきびだんご、力のわく不思議なだんごじゃ」

「それなら、私にひとつ、くださいな。そうすりゃ、お供いたしましょう」

「よし、お食べ。ついてまいれ」

　こうして、桃太郎と犬が鬼が島へ向かっていると、森でサルに会いました。

「キキ、キキ、桃太郎どの、どこへ行く？」

「鬼が島にまいって、鬼退治ぞ」

「お腰につけた袋は何じゃ？」

「日本一のきびだんご、力のわく不思議なだんごじゃ」

「それなら、私にひとつ、くださいな。そうすりゃ、お供いたしましょう」

「よし、お食べ。ついてまいれ」

Tous les trois traversèrent un vaste champ quand un faisan qui les survolait descendit vers eux.

« Cot Cot ! Où vas-tu donc, Momotaro ?

— À Onigashima, pour combattre et punir les Ogres !

— Qu'as-tu dans ton balluchon ?

— Les meilleurs Kibidangos qui donnent une force magique !

— Donne-m'en un, et je serai ton allié.

— Tiens ! Mange ça et suis-moi ! »

Nos compagnons marchèrent de bon train et arrivèrent au bord de la mer.

Le chien trouva vite un grand bateau.

« Embarquons-nous et cap sur Onigashima ! » ordonna Momotaro.

Il faisait beau, un bon vent soufflait. Le Chien ramait, le Singe avait pris le gouvernail et le Faisan faisait le guet.

---

trois と train は 1 音節で読みましょう。「とろわ」や「とはん」と 3 音節にならないように。faisan「ふざぁん」と faisait の最初の ai は例外で「う」と読むので注意してください。

桃太郎と犬とサルが広い野原を歩いていると、今度はキジが飛んできました。
「ケーン、ケーン、桃太郎どの、どこへ行く？」
「鬼が島にまいって、鬼退治ぞ」
「お腰につけた袋は何じゃ？」
「日本一のきびだんご、力のわく不思議なだんごじゃ」
「それなら、私にひとつ、くださいな。そうすりゃ、お供いたしましょう」
「よし、お食べ。ついてまいれ」

　こうして、桃太郎の一行がどんどん歩いていると、海辺に出ました。

　犬がすぐさま大きな舟を見つけます。桃太郎は言いました。
「あれに乗って、鬼が島にまいろうぞ」

　空は晴れわたり、ちょうどいい具合に、風が吹いていました。犬は舟をこぎ、サルは舵(かじ)をとり、キジは見張りをしています。

Il ne fallut pas longtemps pour entendre le Faisan aux yeux perçants annoncer : « Momotaro ! Onigashima en vue ! Je vois le château-fort tout noir des Ogres juste dans notre direction !

— Très bien ! On continue dans cette direction ! » ordonna Momotaro à ses compagnons.

Le Chien se mit à ramer de plus en plus fort, le Singe maintenait le cap, pendant que le Faisan partait survoler l'île en éclaireur.

Lorsque nos quatre compagnons arrivèrent au grand portail du château, Momotaro annonça :

« Qu'on ouvre immédiatement ! Je suis Momotaro. Je suis venu vous combattre et vous punir de vos méfaits !

— Toi, nous punir ? Essaie donc ! ». Les Ogres qui faisaient le guet en haut du portail lui rièrent au nez et refusèrent d'ouvrir : ils ignoraient à qui ils avaient affaire.

yeux はそのままですと「いゆう」ですが、前の aux の x とリエゾンして「ずぃゆうー」となります。direction は「-しょん」とならないように。「-すぃおん」です。

少しして、鋭い目で見張りをしていたキジが叫びました。
「桃太郎どの、鬼が島じゃ。まっすぐの方向に、鬼どものまっ黒な城が見えまする」
「あいわかった。このまま進もうぞ」桃太郎はみなに告げました。

　犬はいっそう力を込めて、舟をこぎだします。サルは舵をとりつづけ、その間にも、キジは偵察のため、島へと飛んでいきました

　やがて、一行は島に着き、鬼の城の門の前にやってきました。門の前で、桃太郎は声をあげました。
「ただちに門を開けよ！　我は桃太郎、おまえたちを退治しにやってきた！」
「おまえが、おれたちを退治するだと？　ふん、できるものならやってみろ！」門の上で見張りに立っていた鬼が、鼻で笑いました。門を開ける気はないようです。鬼たちは、相手が誰だか、わかっていなかったのです。

Alors ce fut d'abord le Faisan qui agressa les Ogres aux yeux.

Le Singe, à son tour, escalada rapidement les murs et ouvrit le portail en un clin d'œil. Il sauta sur les Ogres pour les griffer.

Le Chien annonça solennellement l'entrée de Momotaro.
« Voici le Grand Momotaro, rendez-vous, Ogres ! ». Il participa aussi au combat auprès de ses compagnons. Il se mit à courir et à mordre les Ogres.

Ils étaient tellement forts que les Ogres finirent par crier :
« Aïe, aïe, Grand Chef, au secours ! Ils sont trop forts ! »

En entendant du bruit et les cris de ses sujets, le Chef des Ogres sortit du château.

---

solennellement は p.14 に出てきた femme と同じ発音上の例外です。e は次に子音字が2つ続くと「え」と読みますが、ここでは「あ」となります。aïe の「¨」(トレマ)はその記号が付いた文字を前の母音字と独立させて発音させますので、ここでは複合母音の「え」ではなく「あい」と読みます。

そこで、まずキジが鬼たちの目を突きました。

　お次はサルが壁をさっとのぼり、あっというまに門を開けました。サルは鬼たちに飛びかかり、爪で引っかいていきます。

　それから、犬が桃太郎の参上を告げました。
「桃太郎どのの参上だ！　鬼たちめ、降参しろ！」それから、犬も仲間に加勢しました。駆けだして、鬼にかみついていきます。

　桃太郎たちがあまりに強いので、とうとう鬼たちは叫びだしました。
「痛い、痛い！　大将、助けてください！　こいつら、強すぎですぜ」

　外が騒がしく、手下どもが叫んでいるのを聞きつけて、鬼の大将が城から出てきました。

« Qui es-tu ?

— Je suis Momotaro. Je suis venu ici pour vous combattre et vous punir de vos méfaits !

— Tu me fais rire, minus, essaie-donc ! » ricana le Chef.

Et le combat commença.

Le Chef était grand et fort ; mais Momotaro était plus agile. Il esquiva le grand coup de massue en fer du Chef, le prit par les hanches et Vlan ! le jeta à terre.

Le Chef, assomé par le coup, ne pouvait plus bouger. Momotaro le cloua à terre avec la force de ses bras seulement.

Le Chef finit par pousser des cris de douleur :

« Je me rends, je me rends ! Ayez pitié, Sire Momotaro, épargnez-nous, nous vous promettons de ne plus mettre les pieds chez vous, et nous ne commettrons plus de méfaits ! »

単語の最後の子音字は原則 c, f, l, r, q 以外読みませんが、いくつか例外があります。息子を意味する fils や minus の「みにゅ s」もそうで、軽く最後の s を発音します。ayez の y は「i の 2 つ分」の役割と考えてください。したがってここは Ai-iez「えいえ」と読みます。

「おまえは何者だ？」
「我は桃太郎。おまえたちを退治しにやってきた！」
「なんと、この小童(こわっぱ)が！　笑わせる！　できるものならやってみろ！」大将はばかにして笑いました。
　一騎打ちの始まりです。

　鬼の大将は体が大きくて、力がありました。けれども、すばしこいのは桃太郎です。桃太郎は、大将が打ちおろす金棒をさっとかわすと、相手の腰をつかんで「えいや！」と投げとばしました。

　地面にたたきつけられて、大将はぐったりと動けません。とどめとばかり、桃太郎は両の腕で、大将をぐいと押さえます。

　すると、とうとう大将も痛くて叫びだしました。
「降参する！　降参だ！　桃太郎どの、どうかお情けを。わしらを助けてください。もう二度と町に行かないと誓います。悪さもしません」

Il pleura et implora tant Momotaro qu'il finit par le croire et lui pardonner.

« Tiens ta promesse, il n'y aura pas de deuxième fois ! Je reviendrai tout de suite, hein ! »

Les Ogres, reconnaissants, rendirent au pays tout ce qu'ils avaient pillé et l'on remplit le bateau de Momotaro de toutes sortes de trésors.

À la maison, les vieux parents attendaient et priaient :
« Pourvu qu'il ne lui soit rien arrivé… pourvu qu'il soit sain et sauf… Quand va-t-il rentrer ? » dit la mère.

Le père qui guettait hors de la maison poussa un cri de joie : « Oh regarde ! C'est bien notre Momotaro ! »

大将が泣いて頼むので、桃太郎は信じて、許してやることにしました。

「今言ったこと、しかと守れ。今度やったら承知はせん。すぐに成敗してやるぞ」

　鬼たちは命を助けてもらったことに感謝して、町の人びとから奪ったものをすべて返しました。桃太郎たちは、山のような金銀財宝を舟に積んで帰りました。

　さて、桃太郎の家では、おじいさんとおばあさんが桃太郎の無事を祈りながら、帰りを待っておりました。
「どうか桃太郎の身に何も起こりませぬように……。どうか桃太郎が無事でありますように……。いったい、あの子はいつ帰ってくるのやら……」おばあさんが言いました。

　すると、外を見ていたおじいさんが、うれしそうに声をあげました。「ほれ、桃太郎じゃ！」

En effet, c'était Momotaro avec ses compagnons. Momotaro marchait en premier, le Chien et le Singe tiraient un chariot rempli des trésors derrière lui. Le Faisan, quant à lui, volait dans le ciel bleu.

« Mon fils chéri ! Je savais que tu réussirais ! » dit le père.

« Et tu es sain et sauf ! Ah, quelle joie ! » dit la mère.

Et ils vécurent ensemble longtemps et furent très heureux.

日本人が苦労するのが e の読み方です。あまり細かく考えず、まず大事なのは基本的に「う」と読む、ということを頭に入れてから、1）アクサン記号が付いている場合は「え」、2) e のあとに c, f, l, r, s, t, x, y, z が付いている場合も「え」、3) e のあとに子音字が続いている場合も「え」と読む、と最初は大まかに捉え、どんどん音読の練習をしていく方が大切です。

そう、犬とサルとキジを従えて、桃太郎が帰ってきたのです。先頭を行くのは、桃太郎。そのうしろでは、犬とサルが金銀財宝をいっぱいに積んだ荷車を引き、その上を、青空の中、キジが飛んでいます。

　「桃太郎、おまえならやってくれると思っていたぞ」おじいさんが言いました。
　「無事でよかったこと」おばあさんも言いました。

　こうして、桃太郎たちは、みんなで長いこと幸せに暮らしましたとさ。めでたし、めでたし。

覚えておきたいフランス語表現

① avoir l'air ~ 「~に見える、~のように見える」

> Quelle belle pêche ! Elle a l'air délicieuse. (p.16, 9行目)
> なんておいしそうな大きな桃だろう！

　直訳では、「なんて大きな桃だろう！おいしそうに見える」となります。主語と形容詞が性数一致します。

　[例文] Il a l'air fatigué.　彼は疲れているみたいだね。

② Comme ~ !「なんて~なんだろう！」

> Comme elle est grosse ! (p.18, 3行目)
> なんて大きいんだろう！

p.16, 9行目のquelle同様、感嘆文を表します。この言い回しは、必ずしも良いことだけに使うわけではありません。

　[例文] Comme il est méchant !　なんて意地悪い人だろう！

③ plus ~, plus ~ 「~すればするほど~」

> plus il mangeait, plus il grandissait. (p.20, 4行目)
> 食べれば食べるほど大きくなっていきました。

　moins ~（マイナスの方向）と組み合わせて使う場合もありますので、覚えておきましょう。

　[例文] Plus il travaillait, moins il dormait.
　　　　働けば働くほど彼には眠る時間が無くなった。

④ de bon cœur「快く」

> Le gentil et courageux Momotaro accepta de bon cœur, sans hésiter un instant.（p.20, 下から2行目）
> 優しくて勇気のある桃太郎は一瞬もためらわずに快く引き受けました。

p.70, 4行目の cœur tendre も参照して下さい。

⑤ avoir affaire à ~「~を相手にする、~に用がある」

> Ils ignoraient à qui ils avaient affaire.（p.28, 下から2行目）
> 桃太郎が誰なのか知りませんでした。

直訳では、「誰を相手にしているのか知りませんでした」となります。

［例文］J'ai affaire à Jacques. ジャックに用があるんだ。

⑥ Pourvu que ~「~でありますように」

> Pourvu qu'il ne lui soit rien arrivé…pourvu qu'il soit sain et sauf…（p.34, 下から5行目）
> 何も悪いことが起きていませんように……。無事でありますように……。

Pourvu que ~は、願い・祈りを導入する言葉です。que の後には接続法を用います。

［例文］Pourvu qu'il fasse beau demain. 明日、晴れますように。

コラム　動物の鳴き声は世界共通？？　鳴き声とオノマトペ

　生まれたばかりの『桃太郎』をはじめ、桃太郎の家来たち、それぞれ特徴のある鳴き声でしたね。日本語にも「犬は吠える」「馬は嘶（いなな）く」などありますが、フランス語の動物ごとの動詞は、驚くほど細かく分けられています（http://www.animaux-nature.com/liste-cri.php 参照）。

　鳴き声もオノマトペ（onomatopée=擬音語・擬声語・擬態語など）もお気づきの通り、世界共通ではありません。こういったものは学術的なものよりも、むしろマンガなどを参考にするとよいでしょう。ちなみにくしゃみはAtchoum !です。くしゃみをした人にはA vos souhaits !（親しい人にはA tes souhaits !）と声をかけます。相手はMerci !と答えてくれるでしょう。

鶴の恩返し

La grue reconnaissante

G01　　Il était une fois un jeune homme qui vivait seul dans la montagne dans une petite maison. Ses parents étaient morts depuis longtemps, et comme il était très pauvre, sa seule ressource était de ramasser du bois et d'aller en vendre aux villages voisins. Il vivait tant bien que mal en se rendant chaque jour dans la forêt.

G02　　C'était au début de l'hiver. Un matin, alors que le jeune homme allait faire sa besogne quotidienne malgré le temps neigeux, il entendit un bruit comme celui d'un triste cri d'animal. Il se dirigea dans cette direction et il aperçut une grue blessée.

G03　　Elle était d'une blancheur éclatante. Elle se débattait sur la neige, ne pouvant reprendre son vol. Une flèche avait transpercé son aile.

G04　　« Ma pauvre ! Qui t'a fait une misère pareille ! » dit le gentil jeune homme.

フランス語の発音で b/v の違いは重要です。b はしっかりと唇を閉じて次に来る母音を発音しましょう。それに対して v は口を軽く開け、前歯を軽く下唇にあてて（←噛まない！）、次に来る母音と共に息を吐くイメージです。

昔々、山あいの小さな家に、若者がぽつんとひとりで暮らしておりました。ふた親とはとうに死に別れ、暮らしぶりはたいそう貧しいものでした。頼りになるのは、たきぎを拾って町で売り、それでもらえるお金だけ。毎日、森でたきぎを拾い、なんとか暮らしておりました。

　さて、冬のはじめの朝のこと。雪の降りしきる中、いつものように若者が森に向かうと、どこからか痛々しげな叫び声が響いてきます。「動物の声じゃろうか」若者は音のするほうに行ってみました。すると、そこには一羽の傷ついた鶴がおりました。

　それは、輝かんばかりのみごとな純白の鶴でした。鶴は飛びたつことができずに、雪の上でもがいています。羽に矢が刺さっているのです。

　「かわいそうに。いったい、誰がこんなひどいことをしたんかのう」心優しい若者は、つぶやきました。

鶴の恩返し

Il prit la grue dans ses bras et lui enleva tout doucement la flèche. Il lui lava la blessure avec de la neige. Puis, il la reposa au sol et s'éloigna d'elle à reculons pour ne pas l'effrayer.

La grue battit des ailes et s'envola dans les airs. Elle décrivit un cercle au-dessus du jeune homme comme pour le remercier et elle poussa un cri avant de disparaître dans les nuages.

Tard dans la nuit, alors qu'il y avait une tempête de neige terrible, le jeune homme, qui se tenait auprès du foyer, entendit quelqu'un frapper à la porte.

« Mais qui cela peut-il bien être ? Si tard, et par un temps pareil… » se demanda-t-il.

Il ouvrit la porte et resta figé : une très belle dame se tenait là !

よく違いが聞き取りづらい、と相談されるのが e/u/ou/eu です。自分でしっかり練習すると、不思議なことに聞き取りやすくなります：e は「う」で構いません。次に唇を思いっきり突き出して口笛を吹くように「ゆ」= u。これを連続して練習してみてください。その次に舌を前歯からはなし、奥歯を噛みしめ、u の唇の形にして「う」と言うと ou、口を指 2 本分ぐらいあけて「う」と脱力気味にいうと eu になります。単独だとわかりにくいので de, du, deux, doux と子音字をつけて意味のある言葉にして練習するのがお勧めです。

そうして、鶴を抱きかかえ、そっと矢を抜いてやると、傷を雪で洗ってやりました。それから、鶴を地面におろし、こわがらせないように、後ずさりしてゆっくりと鶴から離れていきました。

　鶴は翼を広げて羽ばたきをすると、空に飛びたちました。お礼のつもりなのか、若者の上を、輪を描くように飛んでいます。それから、ひと声鳴くと、雲に消えていきました。

　その晩遅くのこと。若者が火にあたっていると、不意にトントンと戸をたたく音がしてきました。外はひどい吹雪です。
「いったい誰じゃろう？　こんな遅くに、しかも吹雪いておるというのに……」若者は思いました。

　それから戸を開けて、あっけにとられてしまいました。戸口には、美しいおなごが立っていたのです。

Avant qu'il ne pût lui adresser la parole, la belle dame lui dit : « Je me suis perdue par ce temps. Pourriez-vous me loger pour cette nuit ?

— Mais bien sûr ! répondit le jeune homme. Entrez donc, mettez-vous devant le feu. » Et il lui offrit un bol de soupe toute chaude.

« Je vous remercie monsieur. Vous êtes vraiment gentil.

— Mettez-vous à l'aise, et restez autant que vous le voulez. »

Les jours suivants, le temps ne s'améliorait pas. La belle dame resta donc plusieurs jours. Elle était bonne ménagère, et le jeune homme, tout content de cette compagnie agréable, commençait à se dire combien il serait triste quand elle partirait.

Un matin, lorsqu'elle lui dit : « Épousez-moi, s'il vous plaît. Je voudrais devenir votre femme », il ne put en croire ses oreilles.

子音字＋r＋母音を1音節で発音する練習をしましょう。コツは母音をはっきり発音することです。では口や舌を最初の子音字の発音の形にし、次にr＋母音を思いきりよく言ってみてください。例えばtristeならtを発音する形（上前歯のうらに舌の先をしっかりあてる）にし、「rい」と「い」を強めに発音してください。慣れないうちは逆に母音から「い」「rい」「trい」と練習するのも効果的です。

若者が声をかけるより先に、おなごが口を開きました。
「吹雪で道に迷ったのです。ひと晩、泊めていただけませぬか？」
「ああ、もちろんじゃ。中で、火にあたってくだされ」
　若者はおなごに温かい汁の椀をさしだしました。
「恩に着ます。ほんにありがたいこと」
「ゆっくりしてくだされ。好きなだけいてくれて、よいからのう」

　それから何日も吹雪が続いたので、おなごは何日も若者の家で過ごしておりました。おなごは働き者でした。若者は、おなごといっしょにいるのが、うれしくてたまりません。いなくなってしまったら、どれほど寂しいことじゃろう。いつしかそう思うようになっておりました。

　そんなある朝、おなごはこう言いました。「どうか、わたしをめとってくだされ。あなたさまの嫁になりたいのです」
　若者は信じられない思いで、その言葉を聞きました。

Le visage du jeune homme devint tout rouge :

« Mais je suis trop pauvre pour vous rendre heureuse.

— Qu'importe. Si on peut vivre à deux, je serai la plus heureuse du monde. »

Ainsi ils se marièrent et connurent des jours heureux.

Mais l'hiver de cette année-là fut long et rude. Alors que le Jour de l'an approchait, il leur était difficile de préparer les festivités.

« Que faire ? Il n'y a presque plus rien à manger. » se plaignit le jeune homme.

Sa femme réfléchit un peu avant de lui répondre.

ここでは eu と ou を意識して読みましょう。

それから、顔を赤らめながら、答えました。
「じゃが、わしはこんなに貧乏じゃ。あんたを幸せにはできんじゃろう」
「そんなこと。あなたさまとふたりで暮らせればよいのです。そうすれば、わたしはこの世でいちばんの幸せ者になれましょう」

　こうして、若者はおなごを嫁にして、ふたりで幸せに暮らしておりました。

　けれども、その年の冬は長く厳しいものでした。正月も近いというのに、ふたりにはお金がなく、祝いのしたくどころではありません。

「どうすればいいんじゃ。もう食べるものも尽きてきた」困りはてて、若者は言いました。
　すると、おなごは少し考えてから答えました。

« Il y avait un métier à tisser dans la petite pièce voisine, n'est-ce pas ?

— Oui, c'est celui de ma mère. Je crois qu'il marche encore.

— Je vais tisser. Mais je t'en supplie, n'entre pas et ne regarde pas pendant que je suis à l'ouvrage. Jamais. Tu me le jures ?

— Je te le jure » répondit le jeune homme quoiqu'un peu surpris de cette étrange promesse. Mais il aimait sa femme.

La femme s'enferma dans la petite pièce pendant trois jours et trois nuits. Le jeune homme s'inquiétait pour elle mais se souvenant de sa promesse, il se retint d'aller la voir.

La troisième nuit, sa femme sortit enfin de la pièce, l'air épuisé mais souriante. Elle tenait une pièce d'étoffe dans ses mains.

tは上前歯の裏に舌の先をしっかりつけてやや押す感じで。ta/te/to/touは「と」、それ以外のtu/ti/tyは「て」の音をイメージしましょう。

「隣の小部屋に、はた織り機がありましたね」
「ああ、おっかさんのだった。まだ使えるんじゃないかのう」
「それなら、わたしが布を織りましょう。けど、後生ですから、布を織っている間は、決して部屋に入ったり、のぞいたりしないでくださいまし。約束してくれますね?」
「ああ、約束する」
 若者は〈変わったことを言うものじゃ〉と驚きながらも、約束しました。おなごのことをとても好いていたからです。

 それから、おなごは三日三晩、はた織り部屋にこもっておりました。若者はおなごの体が心配でしたが、約束を思い出し、のぞきたいのをぐっとこらえました。

 やがて、三日目の晩、おなごはようやく出てきました。姿はやつれているものの、にっこりとしています。手には、布を一反、持っていました。

« Voilà. Va vendre cette étoffe en ville. Ça se vendra très cher. »

C'était en effet une très belle étoffe, d'une blancheur éclatante, douce et légère comme si elle avait été faite avec le clair de lune. Le jeune homme n'avait jamais vu un aussi joli tissu auparavant.

Le lendemain, il l'apporta au plus riche marchand de la ville, qui le lui acheta contre une belle somme.

« Ma chère femme, je te remercie. On pourra passer l'hiver sans problème. Mais je t'en prie, tisse à nouveau, s'il te plaît. Le riche marchand en veut encore, il m'a promis de nous en acheter à un meilleur prix si j'en apporte le plus tôt possible. Nous pourrons devenir riches ! »

A ces mots, la jeune femme ne répondit pas. Mais, avec un triste sourire, elle dit :

« D'accord. Je vais me mettre au travail tout de suite. Mais n'oublie pas ta promesse de ne pas me regarder en train de tisser, s'il te plaît. »

ここでは é/è の言い分けを練習しましょう。é は口角を左右に引き気味に短く「えっ」。è は顎を下におとし、口を開き気味に「え」というようにイメージしてください（この時、顎を引いてしまわないように）：実際には後ろから数えて 2 音節目にくることが多いので、「えー」と伸ばし気味に発音するだけでも十分です。

「ほら。これを都(みやこ)で売ってらっしゃいな。きっと、高く売れましょう」
　まったく、それはたいそう美しい布でした。輝かんばかりのみごとな純白。やわらかで軽くて、まるで月の光でこしらえたようです。これほど美しい布を、若者は見たことがありません。

　あくる日、若者は布を持って、都の豪商のところに行きました。豪商は、布をたいそう高く買ってくれました。

「おまえのおかげじゃ。これでこの冬も無事に越せる。それで、ひとつお願いがあるんじゃが、もう一度、布を織ってくれんか。布を買った豪商が、もっとたくさんあの布をほしがっておってのう。できるだけ早く持っていけば、その分、よい値で買ってくれると言うてくれた。わしらは金持ちになれるんじゃ」

　若者の言葉に、おなごはしばらくだまっておりました。が、やがて、さみしげに笑って、言いました。
「ええ。それなら、すぐに布を織りましょう。けど、約束は忘れないでくださいまし。布を織っている間は、決して見ないでくだされ」

鶴の恩返し

Dès cette nuit, la femme se mit à l'ouvrage. Le jour suivant aussi. Mais à la différence de la première fois, les bruits du métier étaient espacés, moins rapides et plus lourds. Le jeune homme s'inquiéta, d'autant qu'il lui semblait entendre parfois des cris de douleur.

Il hésita en pensant à la promesse qu'il avait faite, mais trop inquiet pour sa femme, il entra dans la pièce. Et que vit-il ? Aucune trace de sa femme. Mais devant le métier à tisser se trouvait une grue blanche dont plusieurs de ses plumes manquaient. Le jeune homme ne put s'empêcher de pousser un cri de surprise.

En le voyant, la grue reprit la forme de sa femme.

« Oui, je suis la grue de l'autre jour. Comme tu m'avais sauvé la vie, j'ai voulu te remercier en t'aidant à vivre. J'étais heureuse d'avoir pu être ta femme. Tu avais besoin d'argent, j'ai donc tissé avec mes propres plumes… »

最初はゆっくり大げさに、u-i, i-eur と口の周りの筋肉を動かし、はっきり発音しましょう。

その晩からさっそく、おなごは布を織りはじめました。あくる日も、織りつづけました。けれども、この前とは織る響きが違います。はた織りの音はまばらで、前より遅く、重いのです。若者は不安になりました。そのうえ、苦しそうな声まで時折聞こえる気がして、不安はいっそうつのっていきます。

　〈とはいえ、見ないと約束したからのう〉若者はためらいました。けれども、おなごのことが心配で心配でたまりません。とうとう、はた織り部屋に入ってしまいました。するとそこには──おなごの姿はありませんでした。はた織り機の前には、白い鶴がいたのです。ところどころ羽の抜けた鶴が……。若者は驚きのあまり、思わず声をあげました。

　鶴は、若者に気づくと、おなごの姿にもどりました。

「そう、わたしは、あの日の鶴なのです。あの日、命を助けてもらった、その恩返しがしたかったのです。あなたさまの嫁になれて、わたしは幸せでした。あなたさまが、お金がいると言うから……それで、わたしは羽を使って布を織ったのです」

« Ma chère femme ! Si je l'avais su… » pleura le mari.

« Je voulais mener une vie tranquille avec toi. Mais maintenant que tu m'as vue, je dois te quitter. »

Il tenta de la retenir : « Non ! Je ne veux pas que tu partes. Je ne veux pas d'argent, toi seule me suffit ! »

« Cela n'est pas possible. Adieu, mon cher mari. »
Et elle se transforma en grue blanche sous les yeux de son mari.

Elle s'envola dans le ciel, fit un cercle au-dessus du jeune homme pétrifié, poussa un cri déchirant avant de disparaître dans les nuages.

Le jeune homme ne la revit plus jamais.

-il, -ille は本来「いーゆ」と発音しますが、tranquille は最初に出てきた village と同じように例外で「−いる」と読みます。他の例外には mille「みる」(『かちかち山』に出てきます)や village と同じ語源の ville「ゔぃる」があります。

「ああ、おまえ。知ってたら、こんなこと……」若者は泣きました。

「あなたさまとふたり、静かに暮らしていたかった。でも、姿を見られてしまったら、もはやそばにはおられませぬ」

若者は必死で止めました。「そんなのだめじゃ。行くな。金なぞいらん。おまえがいれば、それでいいんじゃ」

「行くしかないのでございます。さようなら、あなたさま」そう言うと、若者の前で、おなごは白い鶴に変わりました。

そうして、鶴は空へと飛びたちました。立ちすくむ若者の上で、輪を描くように飛び、それから、胸が張りさけそうな鳴き声をひとつあげると、雲に消えていきました。

ののち、若者は二度とおなごに会うことはありませんでした。

覚えておきたいフランス語表現

① **Ma pauvre !**「かわいそうに、あわれな」

> Ma pauvre ! Qui t'a fait une misère pareille !（p.42, 下から2行目）
> かわいそうに！いったい誰がこんなひどいことを！

同情を表す時に使う表現です。同情を表す対象が男性だったらmon、女性だったらmaと使い分けます。

[例文] Tu as tout ce travail à faire ? Ma pauvre Hitomi !
え？ こんなにたくさん仕事があるの？ 仁美ったら、たいへん！

② **se mettre à l'aise**「くつろぐ」

> Mettez-vous à l'aise.（p.46, 9行目）
> どうぞおくつろぎください。

椅子を勧めたりしながら言う礼儀の言葉ですが、傍若無人な人に対して皮肉として使うこともあります。

[例文] Ne vous gênez pas, mettez-vous à l'aise.
どうぞお気兼ねなく、お楽にしてください。

③ **Qu'importe**「どうでもよい、たいしたことではない」

> Qu'importe.（p.48, 4行目）
> そんなこと、なんでもありません。

Ce n'est pas important / Ce n'est pas graveと同じように「大丈夫だよ」、「まあ、いいさ」と相手を安心させる時にも使えます。

④ Il est difficile à ~ de ~ 「~にとって~するのは難しい」

> Il leur était difficile de préparer les festivités. (p.48, 9行目)
> 彼らにとってお正月の準備をするのもままなりませんでした。

これは非人称構文です。目的語の人称代名詞が使われることが多くあります。

[例文] Il m'est difficile de répondre à cette demande.
　　　　私にとってこの要望に応えることは困難だ。

⑤ jurer ~ à ~ 「~に~と誓う」

> Je te le jure. (p.50, 8行目)
> ああ、誓うよ。

日本語で「誓う」とすると、重々しい感じがしますが、フランス語では日常会話でもよくつかわれます。

[例文] Je te jure que ce n'est pas moi qui ai fait pleurer Sophie, maman !
　　　　ママ、ソフィーを泣かしたのは（誓って）僕じゃないよ！

⑥ avoir besoin de ~ 「~を必要とする・~が必要」

> Tu avais besoin d'argent, j'ai donc tissé avec mes propres plumes… (p.54, 下から3行目)
> あなたがお金が必要だとおっしゃるので、私の羽で織りました。

必要な人・物や行為などを表す表現として使えます。

[例文] J'ai besoin de manger quelques choses. 何か食べなきゃ。
　　　　Nous avons besoin d'une voiture. 私たちには車が必要です。

鶴の恩返し

覚えておきたいフランス語表現

⑦ Si je savais ~「もし～と知っていたら」

> Si je l'avais su ... (p.56, 1行目)
> もしそうと知っていたら…。

後悔やくやしさを表すのによく使われる表現です。

コラム　鶴よりコウノトリ？

　日本をはじめとするアジアの多くの地区では、鶴は長寿や貞節のシンボルとして捉えられています。しかし、フランスをはじめとするヨーロッパではその歩き方から、古くは「不器用者」のイメージや「長い間立って待つ」(faire le pied de grue)、俗語では街娼を意味するなど、あまり人気がないようです。このような鶴のマイナスイメージに対して「コウノトリは赤ん坊を運んでくる」、「親孝行のシンボルである」、ということからか、日本の民話や小説がフランス語に訳される場合、鶴はコウノトリ(cigogne)と混乱されたり、置き換えられてしまうことが少なからずあります。日本の丹頂鶴(la grue du Japon)の貞節さと美しさを一度でも見てもらえればこういったイメージはいっぺんに払拭できると思うのは私だけでしょうか。

Katchi Katchi Yama MP3 3

かちかち山

Katchi Katchi Yama
La Montagne Bric-Brac

K01 Il était une fois un vieux paysan qui vivait heureux avec sa femme.

K02 Le travail était déjà dur pour son âge, mais un méchant Tanuki de la montagne voisine rendait la tâche encore plus pénible.

K03 Un Tanuki est un animal ressemblant à un blaireau, connu au Japon pour les méchant tours qu'il joue aux gens. Le Tanuki de notre histoire ne faisait pas exception.

K04 Un matin, le vieux paysan sema des graines dans son champ en chantant : « Que cette semence donne mille récoltes ! Que cette semence donne mille récoltes ! ».

p. 32 にも出てきましたが、y は i2 個分(y=i i)ですので、ここは「ぺぃずぁん」と読みます。同じ語源の pays「ぺぃ」、paysage「ぺぃずぁーじゅ」も同じ読み方をします。

昔々あるところに、おじいさんとおばあさんが幸せに暮らしておりました

　もう年でしたから、畑仕事は大変です。それなのに、裏山のタヌキのせいで、もともと大変な仕事が、ますます大変になっておりました。

　タヌキというのは、アナグマに似た動物で、日本では人に悪さをするものとされています。この裏山のタヌキもそう。やっぱり悪さをしておりました。

　さて、ある朝、「この種、豊作つれてこい。この種、豊作つれてこい」と、おじいさんが歌いながら、畑に種をまいた時のことです。

Mais pendant qu'il était chez lui pour déjeuner, le méchant Tanuki vint déterrer toutes les graines et il les mangea.

Quand le paysan revint, tout était dévasté, et son champ, dans un piteux état.

« Petit diable ! Sors de mon champ !
— D'une semence, aucune récolte ! Tout ton travail pour rien ! Bien fait pour toi ! » ricana le Tanuki avant de se sauver dans le bois.

Le paysan, de caractère très doux et très gentil, se mit en colère. « Ce Tanuki !! »
Il passa donc son après-midi à préparer un piège.

Même si les Tanukis jouent des tours, ils ne sont pas très intelligents. C'était aussi le cas de notre Tanuki. Alors, le lendemain matin, quand le paysan alla voir si son idée avait été efficace, le Tanuki était pris au piège. Il se débattait mais ne pouvait pas se libérer.

おじいさんが昼ごはんを食べに帰ったすきに、裏山のタヌキがやってきて、せっかくまいた種を掘りおこし、全部食べてしまいました。

　おじいさんがもどってみると、畑はひどいありさまです。すっかり荒らされておりました。

「この罰当たりめ！　畑から出ていかんか！」
「フン、種から豊作ありゃしない。畑仕事はすっかりぱあだ！ざまあみろ！」タヌキはせせら笑って、森に逃げていきました。

　おじいさんは気持ちの優しい人でしたが、さすがに腹が立ちました。タヌキのやつめ！　そこで、その午後はせっせと罠をつくって、畑にしかけておきました。

　タヌキというのは、悪さをすると言っても、しょせん知恵はありません。それは、裏山のタヌキも同じこと。こうして、あくる朝、おじいさんが罠の様子を見にいくと、タヌキはちゃんと罠にかかっておりました。じたばたもがいていますが、罠から逃れることはできません。

« Ah ha ! Bien fait pour toi ! » dit le paysan à son tour.

Il lui attacha les quatre pattes avec une corde bien solide et ramena l'animal à la maison.

« J'ai enfin attrapé ce petit diable, dit-il à sa vieille femme. Je l'ai bien attaché à la poutre de la cuisine, mais surveille-le bien, car c'est un petit malin. Ne te laisse pas prendre. Ah oui, je voudrais le manger en soupe, ce soir.

— D'accord, je ferai bien attention. Et je te préparerai une bonne soupe ! »

Et le paysan retourna à son champ.

フランス語には「は・ひ・ふ・へ・ほ」の音を含む単語はありませんので、h は基本、無音です。ただ、笑い声 (ah ha のように嘲笑う時や)、勝ち誇った時などには擬音として使われます。attention「あとんしおん」にならないように！

「はっはっは。いい気味じゃ」今度は、おじいさんが笑う番です。

　それから、おじいさんは、タヌキの4本の足を頑丈な縄でしばりあげ、家に連れてかえりました。

「とうとう、タヌキのやつを捕まえた」おじいさんはおばあさんに言いました。「台所の天井につるしたからな。しっかり見張っておいてくれ。あいつは、ずる賢いやつじゃからのう。だまされんよう気をつけるんじゃ。おお、そうじゃ、今夜はタヌキ汁が食べたいのう」

「ええ、ええ。ちゃんと気をつけますよ。今夜はおいしいタヌキ汁をこしらえましょう」

　おじいさんは畑にもどっていきました。

Pendant tout ce temps, le Tanuki ne dit mot, mais il observait sournoisement tout ce que faisait la vieille femme.

Et, au moment où elle s'apprêtait à préparer le millet dans un très grand mortier, le Tanuki ouvrit enfin la bouche :

« Madame, je suis désolé de tout ce que j'ai fait, dit-il avec une voix de repenti. Avant de mourir, laissez-moi vous aider : le pilon est grand et trop lourd pour vous. La tâche est trop pénible pour une vieille dame comme vous. »

« Ne mens pas, tu ne m'auras pas ! répliqua la vieille femme.

その間、タヌキはじっとだまっておりました。けれども、おばあさんのすることを、こっそり伺っていたのです。

　そうして、おばあさんが大きな臼できびをつこうとした時、タヌキはようやく口を開きました。

「おばあさん、これまで悪さをしてきて、ごめんなさい」タヌキは申し訳なさそうな声で言いました。「死ぬ前に、どうかおれに手伝いをさせてください。その杵(きね)は大きいし、おばあさんには重すぎます。おばあさんみたいなお年寄りには、さぞつらい仕事でしょう」

「そんな嘘をつくんじゃない。だまされませんよ」おばあさんは答えました。

« Je ne vous mens absolument pas ! Je veux seulement faire au moins une bonne chose avant de mourir, c'est tout ! » supplia-t-il.

La vieille femme avait le cœur tendre. Elle commit une grave erreur en croyant le Tanuki. Elle le libéra de ses cordes. Alors, le Tanuki prit le grand et lourd pilon, et au lieu de l'aider comme promis, horreur ! frappa de toutes ses forces la tête de la gentille vieille femme.

Le soir, quand le vieux paysan rentra bien fatigué de son travail, il trouva d'abord le corps refroidi de sa femme. Pas ombre du Tanuki.

Il devina alors ce qui s'était passé, mais saisi par une grande tristesse, il ne sut que faire.

absolument の b は「ぶ」とはっきり読まずに、唇を合わせるだけで十分です。

「嘘なんかじゃありません。おれはただ、死ぬ前にひとつくらい、よいことをしたいだけなんです」タヌキは切々と訴えます。

おばあさんは心の優しい人でした。それで、ついタヌキを信じて、取りかえしのつかないことをしてしまいました。縄をほどいてやったのです。すると、タヌキは重くて大きな杵をつかんで、約束どおり手伝う……のではなく、なんということ！　おばあさんの頭めがけて、力いっぱい杵を振りおろしました。

夕方、おじいさんが農作業を終えて疲れてもどると、家には、冷たくなったおばあさんの姿がありました。タヌキは消えておりました。

それを見て、おじいさんは何が起こったのかわかりました。けれども、悲しくて悲しくて、どうしたらいいのかわかりません。

Il était tout en larmes lorsqu'arriva le Lapin Blanc, son ami.

« Qu'avez-vous donc, mon ami, à pleurer ainsi ? » demanda le Lapin Blanc.

Le paysan lui raconta tout. Le Lapin Blanc qui aimait beaucoup la vieille femme pleura, mais promit de la venger.

Le lendemain, le Lapin partit dans la montagne où habitait le Tanuki. Il fit exprès de couper des chaumes bruyamment pour attirer son attention.

brui-iamment のようにはっきり口を動かして読みましょう。

そうして、涙をぽろぽろこぼしていると、仲よしの白ウサギがやってきました。

「どうしたの？　おじいさん。そんなに泣いているなんて」白ウサギは尋ねました。

　おじいさんは何もかもを話しました。話を聞くと、ウサギも泣きました。おばあさんが大好きだったのです。ウサギはおばあさんのかたきをとると誓いました。

　あくる日、ウサギはタヌキの住む山へと出かけました。わざと大きな音をたてながら茅を刈って、タヌキをおびきよせます。

De nature très curieuse, le Tanuki ne manqua pas de venir près du Lapin et lui demanda :

« Que fais-tu, Lapin, pourquoi tu coupes des chaumes ?

— Il paraît que cet hiver va être rude. Alors je prépare une cabane avec ces chaumes, pour me tenir au chaud.

— Si je t'aide à la construire, je pourrai en profiter, moi aussi ?

— Oui, bien sûr ! Veux-tu m'aider à porter ce fagot ? » et le Lapin mit un gros tas de chaumes sur le dos du Tanuki.

Le Lapin prit soin de l'attacher solidement pour qu'il ne puisse pas s'en débarasser facilement…

Le Tanuki commençait à descendre la montagne. Le Lapin s'approcha tout doucement de lui et, bric et brac ! battit le briquet.

« Dis, Lapin, qu'est-ce que c'est que ce bruit ?

— Quel ignorant tu es ! C'est l'oiseau Bric-Brac de la montagne Bric-Brac.

— Ah, mais bien sûr, je le savais ! »

最初にウサギが言う bien sûr と、タヌキが言う bien sûr とではニュアンスが違います。ウサギは「もちろんだよ！」、タヌキは自分の無知をごまかすため。そのニュアンスの違いがイントネーションに出てきています。briquet「ぶひっけ」は現代ではライターのことですが、本来はわらべ歌の Au clair de la lune などにもでてくる打石のこと。bric et brac ! というのはこの briquet からの著者の造語です。

タヌキは、何にでも首を突っこみたがる性分です。だから、ウサギが思ったとおり、そばにやってきて尋ねました。
「おい、ウサギ。おまえ、なんで茅(かや)なんか刈っているんだ？」
「今年の冬は、厳しいらしいよ。だから、これで小屋をつくろうと思ってね。そうすりゃ、寒さをしのげるから」
「手伝ったら、おれも小屋にはいれるか？」
「ああ、もちろん。じゃあ、この束を運んでもらえるかい？」
　そう言うと、ウサギはタヌキの背中に、茅の大きな束をのせました。
　念には念を入れて、しっかりとくくりつけておきます。これで、簡単におろすことはできません。

　タヌキが山をおりはじめました。ウサギは、うしろからそっと近づいて──カチ、カチ！　火打石を打ちはじめました。
「おい、ウサギ。かちかちって音がするが、ありゃ何だ？」
「君はものを知らないね。あれは、かちかち山のかちかち鳥さ」
「そうだよな。もちろん、知ってたさ」

Petit à petit, l'étincelle du briquet commença à prendre feu. Les chaumes craquèrent. Le Tanuki demanda encore :

«Dis, Lapin, qu'est-ce que c'est que ce bruit ?

— Quel ignorant tu es ! C'est l'oiseau Craqueur de montagne Craquette.

— Ah, mais bien sûr, je le savais ! »

Peu à peu, le fagot s'enflamma.
« Dis, Lapin, il ne fait pas un peu chaud aujourd'hui ? »
Il n'obtint aucune réponse.

« Eh, Lapin ? »
En guise de réponse, le fagot en feu…

« Au secours ! Au feu ! Je brûle ! » s'écria le Tanuki. Il essaya de se débarrasser du fagot, mais il était si solidement attaché que c'était impossible. Vite ! Il courut aussi vite qu'il put vers la rivière.

そのうちに少しずつ、火打石の火花が茅を燃やしはじめました。茅がパチパチと音を立てます。タヌキはまた尋ねました。
「おい、ウサギ。ぱちぱちって音がするが、ありゃ何だ？」
「君はものを知らないね。あれは、ぱちぱち山のぱちぱち鳥さ」
「そうだよな。もちろん、知ってたさ」

　少しずつ、茅は炎をあげていきました。
「おい、ウサギ。今日はちょっと暑くねえか？」
　答えはありません。

「おい、ウサギ？」
　すると、答えのかわりに、茅が燃えあがりました。

「助けてくれ！　火事だ！　アチチ、焼けちまう！」タヌキは叫びました。
　背中の束をおろそうとしますが、しっかりくくりつけられているので、おろせません。急げ、急げ！　タヌキは全速力で、川へと走りました。

Le jour suivant, le Lapin rendit visite au Tanuki avec un pot rempli de Miso, pâte de grains de soja fermentée et très salée.

« Où étais-tu passé, hier ? Mon fagot a pris feu, et regarde mon dos !

— Comme j'ai vu ce qui se passait, je suis allé chercher de l'aide, répondit tranquillement le Lapin. Tiens, je t'ai apporté du Miso.

— Qu'est-ce que tu veux que j'en fasse ?

— Quel ignorant tu es ! Tu ne sais pas que le Miso est efficace pour la brûlure ?

— Ah, mais bien sûr, je le savais. Mets-en sur mon dos, s'il te plaît. J'ai horriblement mal !

— D'accord, avec plaisir. Mais je te préviens, c'est efficace mais ça pique un peu ! » Et il enduisit avec force la pâte très très salée sur la brûlure encore fraîche…

ここはタヌキが痛みと苛立ちを感じているようにぶっきらぼうに読みましょう。

あくる日、ウサギは味噌をたっぷり詰めた壺を持って、タヌキのところに行きました（味噌は大豆を発酵させた調味料で、たいそう塩分のつよいものです）。

「おい、昨日はどこに行っちまった？　おれの束から火が出たぞ。この背中を見ろ」
「火がついたのが見えたから、助けを呼びにいったんだ」ウサギはおだやかに答えて、言いました。「ほら、味噌を持ってきたよ」
「味噌なんて、どうすりゃいいんだ？」
「君はものを知らないね。味噌がやけどに効くって知らないのかい？」
「そうだよな。もちろん、知ってたさ。じゃあ、背中にぬってくれ。ひどく痛むからな」
「いいよ。まかせて。でも、言っておくけど、よく効くかわりにヒリヒリするよ」そう言うと、ウサギは、塩がたっぷり入った味噌を、まだ新しい傷に塗りこめていきました。

« Aïe ! Aïe ! Ça pique ! Ah, ça brûle ! Ah, ça fait mal ! » criait le Tanuki.

« ⑦Oh, ne fais pas le gamin ! Demain, tu te sentiras mieux. Laisse le Miso, surtout ne l'enlève pas ! » Et le Lapin s'en alla, riant sous cape.

Le lendemain matin, le Tanuki vit de son terrier le Lapin qui allait au bord de la mer. Il le suivit.

« Tiens, bonjour Tanuki ! Alors, tu vas mieux ?
— Oui, un peu. Merci pour le Miso. Ça brûlait, mais c'était efficace. Qu'est-ce que tu fais à la plage ?
— Je vais fabriquer une barque pour aller pêcher de gros poissons.
— Moi aussi, je voudrais pêcher de gros poissons. Tu pourrais me faire une barque ?
— Avec plaisir. Apporte-moi de la boue noire.
— Pourquoi ?
— Quel ignorant tu es ! Comme tu es plus lourd que moi, le bois ne te supporterait pas, il faut la faire en plus solide, en boue !
— Ah, mais bien sûr, je le savais ! » Et le Tanuki apporta beaucoup de boue noire.

ここは物語だからではありません：ただ単に「あいたたた！」ではなく、具体的に何が・どのように痛いのかをうめく（？）のがフランス風なのです。Aïe! は続けて「あいやいやい」と読んでもかまいません。

「いたた！　チクチクするぞ！　ヒリヒリするぞ！　痛いじゃないか！」タヌキが叫びます。
「そんなに駄々をこねるなよ。明日になったら、痛くなくなるさ。味噌はそのままつけておくんだよ。絶対にぬぐっちゃいけないよ」そう言うと、ウサギは帰りました。しめしめと笑いながら……。

次の朝、穴ぐらにいたタヌキは、ウサギが海辺にいくのを見かけて、あとをついていきました。

「やあ、タヌキか、おはよう。どう、やけどはよくなったかい？」
「ああ、ちょっとな。味噌をありがとよ。ありゃヒリヒリしたが、効いたぞ。おまえ、浜に何しにいくんだ？」
「舟をつくって、海に大きな魚を釣りにいくんだ」
「おれも大きな魚を釣りてえな。おれにも舟をつくってくれ」
「ああ、いいよ。それなら、泥を持ってきて」
「どうしてだ？」
「君はものを知らないね。君はぼくより目方があるから、木の舟じゃ沈んでしまうだろ。だから、もっとしっかりしている泥で、舟をつくるんだ」
「そうだよな。もちろん、知ってたさ」タヌキはたくさんの泥を運んできました。

Le Lapin fabriqua sa barque en bois de pin. Quant au Tanuki, il lui fit une barque en boue noire mélangée avec de la résine de pin.

« Tu es prêt ? On y va ! » Ils ramèrent tous les deux.

Une fois au beau milieu de la mer, le Lapin commença à chantonner en tapant le bord de sa barque avec sa rame.

« Que fais-tu Lapin ? demanda le Tanuki.
— Quel ignorant tu es ! Ça fait venir les gros poissons !
— Ah, mais bien sûr, je le savais ! » Et il tapa sur sa barque en boue à son tour. Des fissures apparurent et il en jaillit de l'eau de la mer.

beaucoup/beau/l'eau に含まれる eau は「おー」と読みます。複合母音があるせいでフランス語に苦手意識を持たれる方は少なくありません。最初のうちは一覧表を栞のようにしてつねに持っていると苦手意識がなくなっていきますよ。

ウサギは松の木で自分の舟をつくりました。それから、タヌキには、松やにを混ぜた泥で舟をこしらえました。

「準備はいいかい？ 出発だ」ウサギとタヌキは舟をこいでいきます。

やがて、海のまん中までくると、ウサギは鼻歌をうたいながら、櫂(かい)で舟のへりをトントンとたたきはじめました。

「おい、何してる？」タヌキが尋ねます。
「君はものを知らないね。こうすると、大きな魚が寄ってくるんだ」
「そうだよな。もちろん、知ってたさ」そう言うと、タヌキも泥の舟をトントンとたたきはじめました。すると、舟にひびが入りだし——ひびから水がどんどん入ってきました。

« Au secours Lapin ! À moi ! Ma barque coule, et je ne sais pas nager ! hurlait le Tanuki.

— Ah, mais bien sûr, je le savais ! » Et le Lapin retourna tranquillement sa barque vers la plage. Et il laissa le méchant Tanuki à son sort.

今までタヌキがくり返し言ってきたセリフとの違いはなんでしょうか。そのニュアンスを込めて読んでみてください。

「助けてくれ、ウサギ！　助けてくれ！　舟が沈んじまう。おれは泳げねえんだ！」タヌキが叫んでいます。
　「そうだよな。もちろん、知ってたさ」そう言って、ウサギは舟を静かに浜へともどしました。そうして、悪さをするタヌキを海に残していきました。

覚えておきたいフランス語表現

① être pris au piège「罠にはまる・はめられる」

(…) le Tanuki était pris au piège.（p.64, 下から2行目）
狸は罠にかかっていました。

心理的な罠など比喩的表現の場合にも同じように使います。

② avoir ~「だます、一杯食わせる」

Ne mens pas, tu ne m'auras pas !（p.68, 下から2行目）
うそを言うでない、だまされないよ！

直説法複合過去形か、p.68のように単純未来形で活用されることが多いでしょう。会話では軽い意味で「してやった・してやられた」のように使われます。

［例文］Ah, tu m'as eu !　ああ、やられた！（笑）

③ avoir le cœur tendre「心優しい」

La vieille femme avait le cœur tendre.（p.70, 4行目）
おばあさんは優しい心の持ち主でした。

『桃太郎』のところでもcœurを使った表現が出てきましたね。まだまだたくさんあるので辞書で調べてみてください。avoir un cœur grosは「心臓肥大」ではなく、「気がふさぐ」、C'est un homme du cœur「寛大な人だ」など興味深い表現がたくさん出ていますよ。

④ commetre une (grave) erreur
「(大きな)間違いをおかす」

> Elle commit une grave erreur en croyant le Tanuki.
> (p.70, 4行目)
> おばあさんは狸を信じてしまうという間違いをおかしてしまいました。

⑤ pas ombre de ~ 「~のかげもなく」

> Pas ombre du Tanuki. (p.70, 下から3行目)
> 狸の影も形もありません。

比喩的表現でも使われます。

　[例文] Pas ombre de doute. 疑う余地もない。

⑥ rendre visite à ~ 「~を訪ねる」

> Le jour suivant, le Lapin rendit visite au Tanuki avec un pot rempli de Miso (…) (p.78, 1行目)
> 次の日、ウサギは味噌でいっぱいの壺を持って狸を訪ねました。

建物や場所を訪れる時はvisiterを、人を訪問する時はこのrendre visiteを使います。

　[例文] J'ai visité le Château de Versailles.
　　　　ヴェルサイユ宮殿を訪れた(観光した)。

　　　　J'ai rendu visite à ma grand-mère.
　　　　おばあさんに会いに行った。

⑦ faire le gamin / la gamine
（ききわけのない）子供のようにふるまう・だだをこねる

> Oh, ne fais pas le gamin !（p.80, 3行目）
> 子供じゃあるまいし！

　親しい間柄の時にしか使いません。意味としては「聞き分けのない子のようにふるまう」のもっと砕けた感じです。
　男性の場合はgamin「ぎゃまん」、女性の場合はgamine「ぎゃみーぬ」と発音が変わるので注意しましょう。感嘆文でも同じような意味合いになります。

[例文] **Oh, quel gamin !**
　　　まったく、子供なんだから（ガキなんだから）。

コラム　日本特有のものはどう表現する？

　本編の狸のように日本にしかいない動物などは本当に訳者泣かせです。写真などで実物を見せられないですし、なにより「人を化かす」という伝説をどう説明するべきか…（以前、ムジナと狸はどう違うのか、と聞かれたことがありました）。こういう時はなるべく訳す国で類似のものを探してきて、あとは原文にない説明を足すしかありません。
　また、和食が世界中でブームになりつつある今は、味噌などの調味料も知っている外国人の方も増えているでしょうが、細かいところになるとどうでしょうか。たとえば「味噌がやけどに効く」と信じられていた民間療法は？（効きませんよ！それこそAïe!です）　日本に住んでいる日本人でも麦味噌・八丁味噌・白みそ・赤みそなど、全てを味わったことがないかもしれませんね。まずは自国の文化をよく知ることから始めなければならないなあ、と反省することしきりです。

Hanasaka Jiisan MP3 4

花咲か じいさん

Hanasaka Jiisan

H01 Il était une fois dans un petit village, un vieil homme honnête qui vivait avec sa femme. Ils n'avaient pas d'enfant mais ils avaient un chien blanc qu'ils choyaient comme s'il était leur propre fils. La couleur de sa fourrure était toute blanche et on lui avait donné le nom de Shiro (ce qui signifie « blanc »).

H02 Dans la maison voisine, vivaient un autre vieil homme avec sa femme. Mais tous les deux étaient envieux et avares et ① ne pensaient qu'à eux. Ils détestaient leurs voisins et Shiro.

H03 ② Un jour, alors que le gentil vieil homme travaillait dans son champ comme d'habitude, Shiro se mit à courir par-ci par-là. Il s'arrêta soudain et se mit à aboyer : « Creuse ici ! Ouah ouah ! Creuse ici ! Ouah! »

音読のつぼ

長文の場合は、mais/que/si などの接続詞の前など、どこで息継ぎができるかを考えながら読みましょう。目的語の代名詞を含む複合時制文の場合も変なところで区切ってしまわないように気を付けましょう。

昔々、小さな村に、正直者のおじいさんとおばあさんがおりました。子どもはありませんでしたが、白い犬を飼っていて、その犬をまるで子どものようにかわいがっておりました。犬は毛並みが真っ白だったので、「シロ」と呼ばれておりました。

　さて、お隣にも、おじいさんとおばあさんが住んでいました。けれども、こっちの夫婦はねたみぶかくて、けちんぼうで、考えるのは自分のことばかり。隣の正直者の夫婦とシロをたいそう嫌っておりました。

　ある日のこと、正直者のおじいさんが、いつものように畑でせっせと働いていると、シロがあちこち駆けだしました。それから、突然、ぴたりと止まって、ほえだしました。「ここほれ、ワンワン！ここほれ、ワン！」

« Qu'est-ce que tu as Shiro ? dit en souriant le bon maître. Tu as trouvé quelque chose de bon à manger, hein ? Attends, je vais te le donner. »

Le gentil vieil homme creusa là où Shiro grattait, pensant trouver un os. Mais non. Ô surprise ! Il déterra un pot en terre cuite rempli jusqu'au bord de pièces d'or !

Grâce à Shiro, le gentil couple devint riche. Ils s'achetèrent des champs de riz et firent l'aumône aux pauvres gens.

Quand le méchant couple apprit la chance qu'avaient eu leurs voisins, il crut mourir d'envie et de jalousie : « Pourquoi de telles choses arrivent à de pauvres vieillards ? Faire l'aumône aux autres ! Quels imbéciles !
— Il nous faut ce chien ! » dit la femme.

この2か所は続いて聞こえますが（実際、続けて読むのですが）、口の筋肉はしっかりと grâce/à, l'aumône/aux と動かしましょう。

「おやおや、シロ、どうしたんじゃ？」おじいさんはにっこり笑って、言いました。「何かごちそうでも見つけたんじゃな？ よしよし、わしが掘ってやろう」

「おおかた骨でもあるに違いない」そう思いながら、おじいさんは、シロがひっかく地面を掘っていきました。ところが——出てきたのは、大きな壺でした。なんと、中には大判小判がぎっしりと詰まっているではありませんか。

シロのおかげで、正直者のおじいさんとおばあさんは、大金持ちになりました。ふたりは新しく田んぼを買ったり、貧しい人びとに施しをしたりしました。

正直者の夫婦が大金持ちになったことを知ると、隣の意地悪じいさんとばあさんは、うらやましくて、ねたましくてたまらなくなりました。
「あんな年寄りどもが、どうして大金持ちなんじゃ？ ほかの者に施しをするなぞ！ たわけたことを！」じいさんが息巻くと、意地悪ばあさんも言いました。
「あの犬をさらってきて、わしらも金持ちになるんじゃ！」

Alors le méchant homme se rendit en secret chez les voisins et emmena le pauvre Shiro de force.

La méchante vieille mit une corde autour du cou de la pauvre bête et le traîna dans leur champ. « Allez ! Cherche ! Cherche ! »

La corde faisait tellement mal que Shiro finit par tomber par terre en poussant des cris plaintifs.

« Ah ! C'est donc ici que se trouve le trésor, Shiro, hein ? »

Tout content à l'idée de trouver des pièces d'or, le méchant vieillard creusa, creusa et creusa…mais il ne trouva que des objets sales et nauséabonds.

Furieux, l'horrible couple s'empara d'un bâton, frappa et tua le pauvre animal.

例外なので「えむね」ではなく、「おんむね」です。

こうして、意地悪じいさんはこっそり隣の家に行くと、いやがるシロをさらってきました。
　ばあさんが、シロの首に縄をかけ、畑まで引っぱっていきます。
「ほれ、宝を探さんか！　はよう探すんじゃ！」

　首の縄が苦しくて、シロはうめきながら、地面に倒れてしまいました。

「ふむ、宝はここにあるのじゃな、シロ？」
　大判小判がざくざく見つかるに違いない。そう思ってほくそ笑むと、意地悪じいさんはせっせと地面を掘っていきました。ところが——見つかったのは、いやなにおいのする汚いガラクタばかり。

　意地悪じいさんとばあさんは、すっかり腹を立て、棒をつかむと、シロを打ちすえました。かわいそうに、シロは死んでしまいました。

Les vrais maîtres de Shiro, qui s'inquiétaient de ne pas voir leur chien, le cherchèrent. Quelle tristesse en apprenant la vérité !

Ils ramenèrent en pleurant le corps inanimé de Shiro chez eux et l'enterrèrent au pied d'un jeune pin. Tous les matins, le gentil vieil homme et sa femme allaient prier sur sa tombe avec des fleurs et des mets que Shiro aimait.

Une nuit, Shiro leur apparut en rêve et leur dit :
« Maîtres, faites un mortier avec le bois du pin sous lequel je suis enterré. »

Et le lendemain matin, quand le couple se rendit comme tous les jours jusqu'au pin de Shiro, quel miracle ! En une nuit, l'arbre avait grandi et son tronc était bon à faire un mortier !

---

inanimé は鼻母音ではありませんので注意。「いなにめ」と読みます。
pied にはアクサン記号が付いていませんが、「ぴえ」。

正直者のおじいさんとおばあさんは、「シロはどこに行ったんじゃろうか？」と心配で、さがしておりました。シロが死んでしまったと知って、ふたりがどれほど悲しんだことか……。

　ふたりは涙に暮れながら、シロのなきがらを連れかえると、小さな松の根元に埋めて、そこをお墓にしてあげました。そうして毎朝、お墓参りをして花をたむけ、シロの好きだった食べ物を供えてあげました。

　すると、ある晩、シロが夢に出てきて、ふたりにこんなことを言いました。
「おじいさん、おばあさん、ぼくのお墓の松の木で、臼をつくってくださいな」

　次の朝、ふたりがいつものようにシロのお墓の松の木のところに行ってみると、なんと、一晩で、小さかった松が大きく立派に育っています。これなら、臼をつくれそうです。

« C'est un cadeau de notre Shiro. Faisons comme il nous a dit ! » Après avoir fabriqué le mortier, ils pilèrent du riz et…chaque grain de riz se transforma en pépite d'or !

Lorsque les méchants voisins eurent vent de ce nouveau miracle, ils se fâchèrent : « Pourquoi toujours eux et pas nous ? Attends ma femme, je vais leur emprunter le mortier. »

Et malgré le refus de son voisin, il emprunta de force le mortier et commença à piler du riz…mais tout se transforma en vermines et en boue puante.

De rage, à coups de hâche, ils brisèrent le mortier en mille morceaux et y mirent le feu.

「これはシロからの贈り物じゃ。シロの言うとおり、臼をつくろう」
　臼をつくると、正直者のおじいさんとおばあさんは、餅をつきはじめました。すると──米が金のつぶに変わっていくではありませんか。

　その話を聞きつけると、意地悪じいさんとばあさんは、また猛烈に腹を立てました。「なんで隣ばかりよい目にあって、わしらは金持ちにならんのじゃ！　待っておれ。これから臼を借りてきてやる」
　意地悪じいさんは、正直者の夫婦がいやだと言うのに、力づくで臼を取りあげて、持ってきました。そうして、餅をつきはじめました。ところが──ついてもついても、出てくるのは、いやな虫やらくさい泥ばかりです。

　意地悪じいさんとばあさんは、もうかんかんです。斧で臼をこなごなに叩きわり、燃やしてしまいました。

Quand le bon vieux voisin vint leur demander de lui rendre le mortier, l'horrible couple lui expliqua ce qui s'était passé. Sans la moindre excuse ni le moindre remord. Et il ajouta en ricanant : « Si tu veux, tu peux ramener les cendres ! »

Le bon vieillard ramassa les cendres en pleurant, les mit dans un grand panier et rentra chez lui.
« Apportons-les demain matin sur la tombe de Shiro » proposa sa femme, après avoir entendu le récit de son mari.

Cette nuit-là, Shiro leur réapparut en rêve :
« Demain, au lieu d'apporter les cendres sur ma tombe, allez jusqu'à la Grande Route. Et quand le cortège du Grand Seigneur passera, parsemez-les sur les branches… »

正直者のおじいさんが「臼を返してくれんかのう」とやってくると、意地悪じいさんとばあさんは、悪びれもせずに言いました。「あんなもの、割って燃やしてやったわい」わびの言葉ひとつありません。そうして、せせら笑って続けました。「ほれ、灰でも集めたらどうじゃ」

　正直者のおじいさんは、泣きながら、大きなかごに灰を集め、家に持って帰りました。
　「明日の朝、シロのお墓に持っていてあげましょう」おじいさんから話を聞くと、おばあさんが言いました。

　その晩、シロがまた夢に出てきて言いました。
　「明日は、灰を持って、ぼくのお墓ではなく、大きな通りに行ってくださいな。殿様の行列が通りますから、そのとき、灰を枯れ木にまいてくださいな。そうすれば……」

花咲かじいさん

101

Le lendemain matin, lorsque le gentil vieil homme se rendit avec sa femme à la Grande Route, des gens attendaient en effet le passage du Grand Seigneur.

Alors que tout le monde était assis par terre et baissait la tête pour saluer, le bon vieil homme se leva et s'écria : « Je suis Hanasaka Jiisan, le vieil homme aux fleurs ! Je vais faire fleurir tout de suite les arbres ! »

Les sujets allaient l'arrêter quand, amusé, le Grand Seigneur les retint : « Tu dis que tu sais faire fleurir les arbres, là, tout de suite ? Maintenant ? »

« Voyez plutôt, ô Grand Seigneur ! » Et il parsema sur les branches dénudées des arbres, une poignée de cendres, deux poignées de cendres… Et, miracle !

あくる朝、おじいさんとおばあさんが大きな通りに行くと、シロのお告げのとおり、人びとが殿様の行列を待っているところでした。

　やがて、行列が近づいて、みなが地面にひれふしている中、おじいさんは立ちあがり、大きな声で言いました。
「わたくしは、花咲かじいさんと申す者。枯れ木に花を咲かせましょう」

　お供の者がやめさせようと飛んできます。でも、殿様はおもしろがって言いました。「くるしゅうない。そちは、枯れ木に花を咲かせると申すか。今すぐ咲かせるとな？」

「はい、殿様。ただちにご覧にいれまする」おじいさんは灰をひとつかみすると、枯れ木に向かってまきました。それから、もうひとつかみ……。すると、なんという驚きでしょう。

Les cerisiers, les pruniers, les abricotiers…tous les arbres se mirent à fleurir !

« Bravo ! Qu'on donne des récompenses à ce vieil homme ! » dit le Grand Seigneur.

Mais une voix se fit entendre : « NON ! C'est moi le vrai vieil homme aux fleurs ! À moi, les récompenses ! »

C'était le méchant vieil homme. Sa femme prit le panier des mains de son voisin, et le donna à son mari qui répandit tout ce qui restait sur un arbre. Mais au lieu de faire fleurir, toutes les cendres furent emportées par le vent pour tomber sur le visage du Grand Seigneur.

« Pff, pff ! Ah !! Mais qu'on arrête ces imbéciles et qu'on les mette au cachot du château ! »
Et les méchants voisins y restèrent longtemps, très longtemps. C'est ainsi qu'ils furent punis.

> 英語とは違って文中では固有名詞以外、大文字にはなりません。普通名詞やこのNON！のように大文字が使われる場合は、特別な意味を持っている印です（ここのNON！は意地悪爺さんの声の大きさや強い否定ですね）。

桜にスモモにアンズの花が、ぱっといっせいに咲いたのです。

「みごとじゃ。あの者にほうびをとらせよ」殿様は言いました。

　ところが、そのとき、別の声がしました。「いやいや、わしこそ、本物の花咲かじいさん。ほうびなら、このわしに」

　声の主は、意地悪じいさんでした。意地悪ばあさんが、正直者のおじいさんの手から灰のかごを奪いとると、意地悪じいさんに渡します。じいさんは、残っていた灰を枯れ木に向かってまきました。けれども、花が咲くどころか、灰は風に運ばれて、殿様の顔にどっさり降りかかってしまいました。

「ごほん、ごほん。なんとふらちな。あのばか者夫婦を引っとらえて牢に入れよ」
　こうして、意地悪じいさんとばあさんは、長い長い間、牢につながれ、悪さの報いを受けましたとさ。

覚えておきたいフランス語表現

① ne penser qu'à ~ 「~のことしか考えない」

(... ils) ne pensaient qu'à eux. (p.90, 9行目)
(…その2人は) 自分たちのことしか考えませんでした。

ここのne~queは否定ではなく、限定を表します。àのあとには動詞、名詞のいずれも入れられます。

[例文] Genta ne pense qu'à manger. 源太は食べることしか考えない。

② comme d'habitude「いつものように」

Un jour, alors que le gentil vieil homme travaillait dans son champ comme d'habitude, Shiro se mit à courir par-ci par-là. (p.90, 下から5行目)
ある日、いつものように親切なおじいさんが畑で仕事をしている脇で、シロはあちらこちらと走り回っていました。

「普段通り」「いつも通り」の意味がありますので、なじみのカフェで「いつものやつ！」という風にも使えます。

③ être bon à faire ~ 「~するのに適している・よい」

En une nuit, l'arbre avait grandi et son tronc était bon à faire un mortier ! (p.96, 下から2行目)
一夜で木は臼をつくるのに十分な大きさに育っていました。

直訳だと、「一夜で木は臼をつくるのに適した大きさに育っていました」となります。

④ **avoir vent de…**「噂を聞く」

> Lorsque les méchants voisins eurent vent de ce nouveau miracles, ils se fâchèrent (…) (p.98, 5行目)
> この新しい奇跡の噂を聞いて、意地悪なおじいさんたちは怒りました。

まさしく「風のうわさ」ですね。

⑤ **en mille morceaux**「こなごなに」

> (…) ils brisèrent le mortier en mille morceaux et y mirent le feu. (p.98, 下から2行目)
> (…)臼を粉々に砕くと火をつけて燃やしてしまいました。

réduire en mille morceaux というのもよくつかわれる表現です。

コラム　おじいさんとおばあさんってフランス語でなんていう？

　グリムやペローの『赤ずきんちゃん』には、実際に主人公のお祖母さんが出てくるので grand-mère で問題ないのですが、家族でもない年配の方への呼称や呼びかけにフランス語で「おじいさん」grand-père、「おばあさん」grand-mère を使用するのは——相手からの勧めがない限り——避けたほうがよいようです。

　また、日本語からフランス語にする時に「おじさん」は「小父さん」「叔父さん」「伯父さん」のうちのどれなのかがわからないと困ります（逆にただ mon oncle とあると"叔・伯"問題がでてきますね）。言語だけではなく、文化圏が異なると翻訳作業は難しさを増していくような感じがします。フランスの童話や昔話をみたところ、職業名の前に vieux や vieille をつけるケースが少なからずありました。なるほど！

花咲かじいさん

一寸法師

Issun Boshi
Le Petit Pouce

Il y a de cela longtemps, très longtemps.

Un jeune homme et sa femme habitaient à Naniwa. Ils étaient bons, ils s'aimaient et vivaient heureux. Mais la seule chose qui les rendait triste, c'était qu'ils n'avaient pas d'enfant.

Ils allaient donc prier tous les jours au sanctuaire de Sumiyoshi pour demander de leur en donner : « Nous aimerions tant avoir un enfant ! priaient-ils, même s'il n'est pas plus grand qu'un pouce, nous vous promettons de l'aimer et de l'élever. »

Leur vœu fut exaucé. Au bout de quelques mois, ils eurent un bébé. Il n'était pas plus grand qu'un pouce, mais c'était un beau bébé plein de vie. Ses parents étaient très contents, ils le choyaient et le nommèrent Issun Boshi — le Petit Pouce — .

このお話では特にリエゾンやアンシェヌマンなど続けて読むところと句読点、息つぎに留意しながら練習してください。

昔々のその昔。
　難波に若い夫婦がおりました。
　ふたりは善良で、仲むつまじく、幸せに暮らしておりました。けれども、たったひとつ、子どもがいないことだけを悲しく思っておりました。

　そこで、子どもを授かれるよう、ふたりは毎日住吉大社にお参りにいきました。「どうか子どもを授けてくだされ。たとえ、一寸（親指）ほどの子どもでも、大切に育ててまいります」

　やがて、ふたりの願いはかないました。数ヵ月後、赤ん坊が生まれたのです。大きさは一寸ほどしかありませんが、元気いっぱいの赤ん坊です。夫婦はたいそう喜んで、赤ん坊を可愛がり、「一寸法師」と名づけました。

Les années passèrent, mais Issun Boshi ne grandissait pas : à cinq ans, à sept ans, à dix ans et même à douze ans, il n'était pas plus grand qu'un pouce…

Être différent des autres, surtout quand on est enfant, n'est pas une chose facile. Mais lorsque les autres riaient en se moquant de sa petite taille, il riait avec eux en répondant tout simplement « c'est vrai ». Il était gentil, aimable avec tout le monde. Les enfants ne se moquaient plus et devenaient vite amis. Certes, il était petit de taille mais son cœur et sa gentillesse étaient immenses.

quand など -d で終わる語がリエゾンする場合は「t」になります。ですからここは「かんとねあんふぁん」です。

immenses の im- は鼻母音ではない例外です。

ところが、何年たっても、一寸法師は大きくなりません。5歳になり、7歳になり、10歳になり、12歳になっても、体は一寸のままなのです。

　人と違っているというのは、なかなか簡単なことではありません。とりわけ、子どもの時分はそうでしょう。けれども、一寸法師はほかの子たちにからかわれ、笑われても、いっしょに笑って、「ほんとうだ」と言うだけでした。一寸法師は、みなに優しく、いつもにこにこしていたのです。そのうち、ほかの子たちもばかにしなくなり、すぐに一寸法師と仲よくなりました。そう、たとえ体は小さくとも、一寸法師は心が広く大きかったのです。

Son rêve aussi était immense. Un jour, Issun Boshi alla trouver ses parents et il s'assit devant eux, et dit :

« Père, Mère, je voudrais aller à la capitale.

— Tu veux aller à la ville de Kyo ? Tout seul ? s'étonna sa mère.

— Oui. J'ai entendu dire que c'est l'endroit le plus beau du Japon. Je voudrais tenter ma chance dans cette ville.

— Mais tu es encore trop jeune… »

Ses parents ne voulaient pas se séparer d'Issun Boshi. Ils tentèrent de le retenir mais finalement, ils l'autorisèrent à partir.

« D'accord, mon fils, nous t'avons toujours appris à faire et essayer tout ce qu'on désire. Va à la capitale et deviens un grand homme !

— Merci Père ! »

Issun Boshi prépara son départ.

いままでは Père, Mère のように呼びかけるのは昔話やよほど躾の厳しいうちだけでしょう。日常生活では一般的に Papa, Maman と呼びかけ、自分の親のことを人に話す時に、所有形容詞をつけて mon père, ma mère と使い分けます。人に話す時に Ma maman というと子どもっぽく聞こえます。

d'Issun Boshi は文法上、エリジョンするのが正しいのですが、特に外国の単語を始めて使う場合、理解を助けるため、会話では Je viens d'Osaka のかわりに Je viens de Osaka というようにあえてエリジョンしないケースがあります。読み聞かせの時も、あえて de Issun Boshi とする人もいるでしょう。

p.110 同様、ここの grand homme も「どむ」ではなく、「とむ」と読みます。

夢だって、一寸法師の夢はたいそう大きなものでした。ある日、一寸法師はお父さんとお母さんのところに行くと、きちんと座って言いました。
「父上、母上、私は都に行きとうございます」
「京の都に行きたいとな？　ひとりでか？」お母さんがびっくりして言いました。
「はい。京は日本一の都と聞きました。私は京にて一旗あげてみたいのです」
「しかし、おまえはまだ子ども……」
　お父さんもお母さんも、一寸法師と離れたくありません。ふたりはなんとか引きとめようとしましたが、最後には、とうとう都に行ってもよいと認めました。

「わかった。おまえには、これまでずっと、望みをかなえるために励むようにと教えてきた。都へ行って、立派になってまいれ」
「父上、ありがとうございます」
　こうして、一寸法師は旅のしたくを整えました。

Sa mère lui donna l'aiguille la plus fine qu'elle possédait, la mit dans une paille et la lui donna en guise de sabre. Son père apporta un bol en bois en guise de barque et une baguette pour servir de perche.

Le lendemain matin, toute la famille se rendit à la rivière. Issun Boshi s'embarqua dans le bol, prit la baguette et s'éloigna de la rive.

« Prends soin de toi et bonne chance, mon fils ! Crois toujours en toi ! » lui crièrent ses parents.

« Au revoir Père, au revoir Mère ! Je vous promets de revenir ! Je deviendrai quelqu'un ! »

Jour après jour, Issun Boshi remonta petit à petit la rivière en ramant vigoureusement. Plus d'une fois il a failli être renversé par un grand vent ou la pluie ; plus d'une fois il faillit être mangé par les poissons ou les oiseaux. Mais chaque fois, il surmonta ces épreuves avec courage et sang-froid.

petit à petit 「ぷてぃたぷてぃ」熟語ですからはなさずに。

お母さんは、一寸法師にいちばん細い針をくれました。その針を、さやがわりのわらにおさめると、刀のかわりに一寸法師にわたします。お父さんは、舟のかわりにお椀を、舟をこぐ櫂のかわりに箸を持ってきてくれました。

　あくる朝、一寸法師は、お父さんとお母さんとともに、川へと向かいました。そうして、お椀の舟に乗りこむと、櫂がわりの箸を手に、岸を離れていきました。

「気をつけるんじゃぞ。達者でな。己の力を信じるのじゃぞ」お父さんとお母さんが大きな声で呼びかけます。

「はい、行ってまいります、父上、母上。必ずや帰ってまいります。立派になってもどります」

　それから、一寸法師は、くる日もくる日も懸命にお椀の舟をこぎ、少しずつ川をのぼっていきました。途中何度も、強い雨風にあい、お椀がひっくりかえりそうになりました。魚や鳥に食べられそうになったことも、一度や二度ではありません。けれども、一寸法師はそのたびに勇ましく知恵をもって立ち向かい、切りぬけていきました。

I13　Il arriva enfin à la ville de Kyo. En voyant les grandes avenues de la capitale, Issun Boshi croyait rêver. « C'est exactement comme on me l'avait raconté ! C'est la première ville du Japon ! »

I14　À cette époque, Kyo était une ville très peuplée. Les gens marchaient d'un pas affairé sur de grandes avenues. Des chevaux et des chariots passaient sans cesse…

I15　Issun Boshi, prenant garde à ne pas se faire écraser, marcha de l'avenue Gojo jusqu'à l'avenue Sanjo. Là, se trouvait une grande résidence.

I16　« Cela doit être la résidence d'un grand seigneur. Je vais demander si on ne veut pas m'engager ! »

I17　③Sans hésitation, Issun Boshi passa les portails sans être remarqué par les gardes, se dirigea vers la grande entrée et dit de sa plus grosse voix :
　« ④Bonjour ! Il y a quelqu'un ? »

無音のhなのでリエゾンします。

そうしてついに、京の都にたどり着きました。都の大通りを目にすると、一寸法師は夢を見ているのかと思いました。「話に聞いたとおりじゃ。京は日本一の都！」

　このころ、京はたいそうな人でにぎわっておりました。人びとはせわしなく通りを行きかい、馬や荷車もひっきりなしに通っていきます。

　一寸法師は、ひかれないように気をつけながら、五条通りから三条通りまで歩いてみました。と、目の前に、大きな屋敷があるではありませんか。

　「これは、大臣さまのお屋敷に違いない。お仕えできるか、尋ねてみよう」

　一寸法師はためらうことなく門をくぐりました。小さいので、門番にも見つかりません。そうして、屋敷の正面玄関に向かうと、あらんかぎりの声で叫びました。
　「お頼みもうします！　どなたかおられませぬか？」

Heureusement, le propriétaire de la résidence, le Seigneur Sanjo, passait par hasard. Il entendit une voix d'enfant mais il ne vit personne !

« Tiens, se dit-il, il me semblait avoir entendu une voix…

— Sire, je suis ici, sous vos yeux ! Plus bas ! Plus bas encore, s'il vous plaît ! »

Surpris, Sire Sanjo demanda :

« Qui es-tu ?

— Je suis Issun Boshi, je viens de Naniwa pour devenir un grand homme. Puis-je entrer à votre service ? »

Sire Sanjo souria. Il a trouvé ce jeune garçon fort intéressant. Il répondit tout de suite : « T'avoir à mon service est un grand plaisir ! »

C'est ainsi que Issun Boshi entra au service du Seigneur Sanjo.

par hasard 「ぱぁはざぁー」無音の h なのでリエゾンします。これも熟語なので一気に読みます。

そこに幸い、屋敷の主、三条の大臣が通りかかりました。けれども、子どもの声はするものの、姿が見えません。
「さて、声が聞こえた気がしたが……」
「こちらにおります。目の前に。下のほう、もっと下でございます」
　一寸法師の姿を見ると、三条の大臣は驚いて尋ねました。
「そちは誰か？」
「一寸法師にございます。立派な人になるために、難波から出てまいりました。大臣さまにお仕えさせていただけませぬか？」
　それを聞いて、三条の大臣は楽しそうに笑いました。「たいそう面白い若者だ」と思ったのです。大臣はすぐに答えました。
「よかろう。仕えるがよい」
　こうして、一寸法師は三条の大臣に仕えはじめました。

Issun Boshi fut vite aimé de tous. Il travaillait beaucoup, il accomplissait de son mieux toutes les besognes qu'on lui confiait. Il était le préféré de la fille du Seigneur Sanjo, la belle Princesse. Elle trouvait qu'Issun Boshi était l'être le plus adorable au monde. Ils devinrent vite très bons amis.

Un jour que la Princesse allait prier au Temple Kiyomizu avec son escorte, Issun Boshi l'accompagnait bien sûr. Sur le chemin, un ogre aussi grand qu'un cheval se précipita sur la Princesse.

L'escorte était frappé de stupeur. Mais ce n'était pas le cas d'Issun Boshi qui se plaça entre l'ogre et la Princesse.

« C'est la Princesse Sanjo. Arrière ! Va-t'en tout de suite, sinon tu auras affaire à moi ! »

tous「とぅーs」。例外です。同じ綴り字でも品詞によって読んだり読まなかったりするので辞書でチェックしましょう。

一寸法師は、たちまちみなから好かれました。働き者で、頼まれた仕事はいつでも全力でこなしていたからです。大臣の娘の美しい姫君も、一寸法師を気に入っておられました。姫君には、一寸法師がこの世でいちばん愛おしいものに思えたのです。ふたりはすぐに打ちとけあうようになりました。

　そんなある日、姫君がお供の者たちをつれて、清水寺にお参りにいきました。もちろん、一寸法師もいっしょです。ところがその途中、大きな鬼が現れて、姫君に襲いかかってくるではありませんか。馬ほどもある大きな鬼です。

　お供の者たちは腰をぬかしてしまいました。けれども、一寸法師は違います。姫君をかばい、さっと鬼の前に立ちはだかったのです。

「ひかえよ！　こちらは三条の姫君ぞ。今すぐここを去れ。さもなくば、我が相手となろうぞ！」

L'ogre aperçut Issun Boshi et ricana :

« Quoi, que veux-tu me faire, toi, un minus pareil ! Tu ne serais même pas bon à m'être servi au petit déjeuner tellement tu es petit ! Je ne ferais qu'une bouchée de toi ! »

Il prit Issun Boshi avec ses deux doigts et l'envoya dans sa bouche.

Issun Boshi ne perdit pas courage : il dégaina son aiguille, et piqua ici et là la paroi de l'estomac de l'ogre.

« Aïe ! Ouille ! Ah, ça fait mal ! hurlait l'ogre de douleur. Ça va, ça va, je me rends, je me rends ! »

Mais Issun Boshi était sans pitié. Il piqua, piqua, piqua jusqu'à ce que l'ogre le recrachât et s'enfuît, en pleurant de douleur.

鬼は一寸法師を見ると、フンと笑いました。
「なんと、おまえのような豆粒が、わしをどうするとな？　おまえなぞ、小さすぎて朝飯にもならんわい。この豆粒め、ひと口で片づけてやる」
　そう言うと、鬼は一寸法師をつまみあげ、口に放りこんでしまいました。

　けれども、そんなことで一寸法師はひるみません。鬼の胃袋の中、針の刀をぬいて、「えいや！　えいや！」と突き刺していきました。

「痛い、痛い！　おい、痛いぞ！」鬼は痛くて叫びました。「わかった、やめろ。降参だ。降参する！」

　それでも、一寸法師は刀を動かす手を止めません。「えいや！　えいや！」とおなかを突きつづけます。とうとう、鬼は一寸法師を吐きだして、「痛い、痛い」とべそをかきながら、すたこら逃げていきました。

« Tu m'as sauvé la vie, Issun Boshi ! Tu es mon héros ! dit la Princesse.

— Mais ce n'est rien Princesse, répondit Issun Boshi en rougisssant un peu.

— Oh, mais regarde ce que l'ogre a laissé ! » remarqua avec surprise la Princesse.

Un étrange maillet était abondonné par terre.

« Qu'est-ce que c'est ? » demanda Issun Boshi.

« C'est l'un des trésors des ogres : le maillet magique que l'ogre de tout à l'heure a oublié ! Il suffit de faire un vœu et frapper avec ce maillet pour qu'il en sorte tout ce qu'on veut ou que le vœu soit exaucé ! Issun Boshi, que désires-tu ?

— Je voudrais grandir, Princesse ! » répondit Issun Boshi.

有音のhなので「もんえほ」となり、リエゾンしません。

「一寸法師、よくぞ助けてくれました。あなたは命の恩人です」姫君が言いました。

「もったいないお言葉」一寸法師は顔が赤くなりました。

その時、姫君が驚いた声をあげました。「あら、鬼が何か落としていった」

見ると、地面に奇妙な小槌(こづち)がころがっています。

「これは何でしょう？」一寸法師は尋ねました。

「きっと、これは鬼の宝のひとつ、《打ち出の小槌》。さっきの鬼のものなのでしょう。この小槌は不思議な力を持っていて、願い事をしてこれを振れば、願ったものは何でも出てきて、願いはすべてかなうと言われています。一寸法師の願い事は何？」

「大きくなりたいと願っています」一寸法師は答えました。

Alors la Princesse agita doucement le maillet en disant « Sors, sors, la taille d'Issun Boshi ! » Et Issun Boshi se mit à grandir à vue d'œil.

Maintenant, devant la Princesse se trouvait un beau jeune homme, très grand.

Le Seigneur se réjouit en apprenant l'exploit et la métamorphose d'Issun Boshi. Il lui donna sa fille Princesse en mariage et leur offrit une belle résidence.

Issun Boshi alla aussitôt chercher ses parents à Naniwa. Ils vécurent tous heureux, et très très longtemps.

そこで、姫君はゆっくりと小槌を振りながら、言いました。「大きくなあれ、大きくなあれ」すると、みるみるうちに一寸法師が大きくなっていきました。

　今や、姫君の前には、たいそう背の高い、立派な若者が立っています。

　三条の大臣は、一寸法師の活躍を聞き、背が高くなったことを知ると、たいそう喜びました。大臣は一寸法師と姫君の結婚を許し、ふたりに立派な屋敷を与えました。

　それからまもなく、一寸法師は難波に帰って、お父さんとお母さんを京に呼びました。そうして、みなでいつまでもいつまでも幸せに暮らしましたとさ。

覚えておきたいフランス語表現

① (Ce) n'est pas une chose facile.「容易なことではない」

> Être différent des autres（…）n'est pas une chose facile.
> （p.112, 5行目）
> 人と違っているということは（…）簡単なことではありません。

　反対に Ce n'est pas une chose difficile「難しいことではないでしょう」という言い回しもよくつかわれます。

② devenir un grand homme「ひとかどの人物になる」

> Va à la capitale et deviens un grand homme !
> （p.114, 下から4行目）
> 都に行って、立派な人になりなさい！

　grand homme は homme célèbre 偉人・有名人と同義語です。

　[例文] Pasteur est un grand homme. パスツールは偉人です。

③ Sans hésitation「ためらわずに・遠慮をせずに」

> Sans hésitation, Issun Boshi passa les portails sans être remarqué par les gardes（…）（p.118, 下から4行目）
> ひるむことなく、一寸法師は門をくぐって行きました。番人たちは一寸法師に気がつきませんでした。

　sans hésiter, ne pas hésiter など、動詞形で使う場合もあります。何かを試すことを勧める時に使ったりします。

　[例文] Allez-y, n'hésitez surtout pas !
　　　　どうぞ！ご遠慮は無用ですよ！／遠慮はしないでください！

④ **Il y a quelqu'un ?**「誰かいますか?」

Bonjour ! Il y a quelqu'un ? (p.118, 下から1行目)
たのもう! 誰かおられますか?

平常文なら「誰かいる」、疑問文なら「誰かいますか?」という意味になります。

⑤ **Être frappé de ~**「~にうたれたような」

L'escorte était frappé de stupeur. (p.122, 下から5行目)
お供の人たちはびっくりして茫然としていました。

直訳は、「驚きにうたれたようになっていました」です。

コラム　昔話・童話の登場人物たち

　昔話や童話の登場人物たちには古今東西、似ているところが少なからずあります。しかし、定着してしまっているイメージや役割があるため、類似性から疑問を持たずに飛びついてしまうと、誤訳となることも……。たとえば、『一寸法師』に外見が似ている登場人物にフランスの童話作家シャルル・ペローのPetit Poucet（『親指小僧』と訳されることが多いですね）がいます。こうなると一寸法師をPetit Poucetと訳したい誘惑に駆られますが、あいにく、すでにお話が定着しているので勘違いされてしまう訳です。友人で同僚のクリスチーヌ佐藤教授は「ではLe Petit Pouceはどうかしら?」と提案してくれました。
　また敵役の鬼たちも様々です。Démonsは「悪鬼」ですが、霊的存在の悪魔という意味合いもあるので、本書ではあえてOgresと訳しました。これはフランスでは主に「人食い鬼」を指します。

ワイドリスト

男＝男性名詞、女＝女性名詞、*qn*＝quelqu'un

A

- adresser la parole à *qn* 〜に言葉をかける
- agile 敏しょうな
- aiguille（女） 針
- aile（女） 翼
- aumône（女） 施し
- avoir affaire à *qn* 〜を相手にする
- avoir besoin de 〜 〜を必要とする
- avoir l'air 〜のように見える
- avoir le cœur tendre 心優しい
- avoir vent de 〜 〜の噂を聞く

B

- bon train 順調に、速く
- boue（女） 泥

C

- cendre（男） 灰
- cerisier（男） 桜
- c'est ainsi que＋直接法 そういうわけで〜
- champ（男） 畑
- combattre 〜と戦う
- comme d'habitude いつものように
- commetre une (grave) erreur （大きな）間違いを犯す
- confier 託す
- corde（男） 縄
- couler ①流れる ②沈む
- creuser 掘る

D

- d'autant que＋直接法 〜だけにいっそう

- de bon cœur 快く、心から
- de force 力づくで
- dévasté 荒廃した
- devenir un grand homme ひとかどの人物になる

E

- efficace 効果的な
- emprunter 〜を借りる
- en guise de 〜 〜の代わりに
- en mille morceaux こなごなに
- en un clin d'œil あっというまに
- épreuve（女） 試練
- escalader よじ登る
- estomac（男） 胃
- étoffe（女） 布
- être bon à faire 〜 〜するのに適している
- être frappé de 〜 〜に打たれたような
- exploit（男） 快挙、手柄
- exprès わざと

F

- fagot（男） 柴
- faillir＋不定詞 危うく〜する
- faire exception 例外になる
- fendre 〜を割る
  * se fendre 割れる
- finir par 〜 ついには〜する
- fort （形）強い （副）たいそう
- frapper 〜を打つ

G

- guetter 〜の様子をうかがう
  * guet（男） 見張り
- grâce à 〜 〜のおかげで

- graine(男) 種
- grue(女) 鶴

H
- hésiter ためらう
- hors de ～ ～の外に

I
- ici et là あちこち
- Il était une fois 昔々
- immense 広大な
- implorer 哀願する

J
- jouer des méchants tours à *qn* ～に悪さをする
- jurer ～ à ～ ～に～と誓う
- jusqu' à ce que+接続法 ～するまで

M
- méfait(男) 悪事
- méchant 意地悪な
- mourir de ～ ～で死にそうになる

N
- ne pas manquer de+不定詞 必ず～する
- nuage(男) 雲

O
- ogre(男) 鬼
- ombre(女) かげ
  * pas ombre de ～ ～のかげもなく

P
- pauvre ①(名詞の後で)貧乏な ②(名詞の前で)かわいそうな
- pêche(女) 桃
- pêcher 釣りをする
- permettre *qn* de+不定詞 ～に～を許す
- piège(男) 罠
  * être pris au piège 罠にはまる・はめられる
- piller 略奪する
- piquer ①突き刺す ②チクチクする
- plage(女) 浜辺、海岸
- plume(女) 羽
- plus ～ , plus ～ ～すればするほど～
- portail(男) 正門
- pourvu que+接続法 ～でありますように
- pouce(男) 親指
- prendre garde à ～ ～に用心する
- prier 祈る
- puant 悪臭を放つ
- punir ～を罰する

Q
- Qu'importe どうでもよい

R
- ramasser ①～を集める ②～を拾う
- ramer 船をこぐ
- récolte(女) 収穫
- rendre 返す
  * se rendre 降参する
- rendre visite à ～ ～を訪ねる
- retenir ～を引きとめる
- ricaner せせら笑う
- rire au nez de *qn* ～を鼻で笑う
- rire sous cape ほくそ笑む
- rive(女) 岸

S

- □ sain et sauf　無事に
- □ sans cesse　たえず
- □ sans hésitation　ためらわずに、遠慮をせずに
- □ sans pitié　容赦なく
- □ sang-froid（男）　冷静
- □ seigneur（男）　領主、主君
- □ semer　〜をまく
- □ s'apprêter à+不定詞　まさに〜しようとする
- □ se battre　もがく
- □ s'empêcher de+不定詞　〜をこらえる
- □ s'en aller　立ち去る、帰る
  - *Va-t'en!　立ち去れ
- □ se faire écraser　轢かれる
- □ se laisser prendre　だまされる
- □ se mettre à+不定詞　〜しはじめる
- □ se mettre à l'aise　くつろぐ
- □ se moquer de〜　〜をばかにする
- □ se rendre　①行く　②屈服する（降参する）
- □ se sauver　逃げる
- □ singe（男）　サル
- □ solide　頑丈な、がっしりとした
- □ stupeur（女）　呆然
  - *être frappé de stupeur　呆然とする
- □ supplier　懇願する
- □ sur le chemin　その途中

T

- □ tant bien que mal　どうにかこうにか
- □ tomber par terre　地面に倒れる
- □ trésor（男）　宝物

V

- □ venger　〜に復讐する
- □ vœu（男）　願い

Les contes du Japon en français
フランス語で楽しむ日本昔ばなし

2015年10月4日　第1刷発行
2020年1月18日　第2刷発行

フランス語　西村亜子
日　本　語　坂田雪子

発 行 者　浦　晋亮

発 行 所　IBCパブリッシング株式会社
　　　　　〒162-0804 東京都新宿区中里町29番3号　菱秀神楽坂ビル9F
　　　　　Tel. 03-3513-4511　Fax. 03-3513-4512
　　　　　www.ibcpub.co.jp

印 刷 所　株式会社シナノパブリッシングプレス

© IBC Publishing, Inc. 2015

Printed in Japan

落丁本・乱丁本は、小社宛にお送りください。送料小社負担にてお取り替えいたします。
本書の無断複写（コピー）は著作権法上での例外を除き禁じられています。

ISBN978-4-7946-0379-1